秀吉没後の豊臣と徳川

京都・東山大仏の変遷からたどる

淡交社

河内将芳
KAWAUCHI Masayoshi

【目次】

凡例

本文のなかで引用する史料（文献史料）については、読みやすさを考えて読み下しにしている。また、行をあらためて引用する史料については、区別がつきやすいよう二文字下げて引用した。

本書は、科研費・基盤研究C・課題番号一九K〇九六七の研究成果の一部である。

装幀　上野かおる
組版　東　浩美

はじめに―秀吉の死―

慶長三年（一五九八）八月十八日、天下人豊臣（羽柴）秀吉が伏見城で亡くなった（『舜旧記《しゅんきゅうき》』同日条）。その一報は人びとのあいだをかけめぐったのではないかと思われるが、ただ、公には披露されず、秀吉の遺体もおよそ半年にわたり伏見城中にとどめおかれることになる。

醍醐寺三宝院義演《ぎえん》が、日記『義演准后《じゅごう》日記』慶長四年（一五九九）正月五日条に「高麗《こうらい》国群兵引き取るのあいだ披露の躰《てい》なり」「今に伏見の城に御座」と記しているように、対外戦争（いわゆる慶長の役）へ出陣していた「高麗国群兵」の撤収を待って、その死は披露され、それまで遺体も「伏見の城」内におかれていたことがあきらかとなるからである。

死因は病気と考えられるが、『当代記』文禄五年（慶長元年、一五九六）条には、「惣別《そうべつ》」（およそ）「未《ひつじ》年（文禄四年）より常に」「御脳気《ごのうき》」（御病気）と記されている。文禄四年（一五九五）ころより「常に」病がちだったとされているわけだが、そのことは、宮中女官の日記『御湯殿上日記《おゆどののうえのにっき》』同年七月十三日条に「太閤御煩《わずら》い」（原文ひらがな）とある点[1]からも事実だったとみられよう。

文禄四年といえば、これより先、秀吉より関白職と聚楽第《じゅらくてい》（聚楽城）が渡されて、家（羽柴家、豊臣家）を相続していた羽柴（豊臣）秀次が失脚する、いわゆる秀次事件がおこった年でもある。近年では、秀吉の病と事件とがあいまって、「慶長三年八月の秀吉の死を目前に構築された五大老・五奉行制構築の前提」となる「政権構想」があらわれたとも考えられている。[2]

おそらくその「政権構想」ともかかわって、秀吉は若公《わかぎみ》（御拾《おひろい》）への家の相続もいそぐことになる。文禄五年五月には、わずか「当年四歳」（『義演准后日記』二月二十日条）の御拾の参内《さんだい》がおこなわれるとともに、年内に「秀頼」という諱《いみな》がつけられ、[3]翌慶長二年（一五九七）九月には、「当年五歳」（同上九月八日条）の秀頼を元服させたうえで、「四品《しほん》中将」（従四位下左近衛権中将）に「宣下」（同上九月二十八日条）されたことが確認できるからである。このようなありかたは、「摂家に準じた形で元服を行」ったものであり、しかも「摂家の子弟よりも高位高官ではじめて叙任をはたした」[4]と考えられている。

翌慶長三年四月には、「当年わずかに六歳」ながら「中納言」（『義演准后日記』四月二十四日条）に任官されるが、もっとも、『御湯殿上日記』四月十八日条によれば、天皇からは「秀頼中将を大納言になさるべきよし」との仰せがあったものの、「秀頼辞退御申し」（原文ひらがな）ために中納言になったという。

さかのぼること七年前の天正十九年（一五九一）八月、秀頼の兄にあたる、もうひとりの若公（つるまつ）を失った秀吉は、「御家督・聚楽、中納言様（豊臣秀次）へ御渡しなされ」「大坂へ御隠居なさる」（『駒井日

図１　豊臣秀吉画像　佐賀県重要文化財　佐賀県立名護屋城博物館蔵

記』補遺）意向を示したことが知られている。

ここにみえる「中納言様」とは秀次を指し、また、「聚楽」とは聚楽第を意味するが、残る「御家督」は関白職をあらわしている。したがって、秀吉にとって家の相続には、関白職と聚楽第の継承が不可欠なものとして位置づけられていたことが読みとれよう[5]。

六歳の秀頼が、家を相続したときの秀次と同じ中納言に任官されたのもまた、関白職の継承をにらんでのことであったと考えられる。もっとも、よく知られているように、関白職とともに継承の対象であった聚楽第は、秀次事件にともなって、基本的には城館としての機能が失われていた。

それにかわって京中（洛中）に普請がほどこされたのが、「上京《かみぎょう》御屋敷《おやしき》」（『言経《ときつね》卿記』慶長二年十月一日条）（いわゆる京都新城）であるが、秀頼が元服したのも、また、中納言任官にさいし入ったのも同地であったことを考えるなら、聚楽第にかわる存在として位置づけられていたことはあきらかといえよう。

こうして、秀吉はその最晩年、秀頼への家の相続に腐心していたことが知られる。ところが、それは、みずからの死によって果たすことができなかった。しかも、果たされなかったのは、家の相続だけではない。かつて秀次が家を相続したときにも「軍事指揮権と領地宛行《あてがい》権は秀吉のもとに留保され[6]」ていたから、これらを行使できる天下人の地位もまた、宙に浮くことになったといえよう。

先行き不透明、これから先、何がおこるのかだれにもわからない時代がおとずれることになったわけだが、本書では、そのような時代を人びとがどのようにみつめていたのか、京都に暮らした人びとの目をとおしてたどってみたいと思う。

先に著者は、秀吉が亡くなるまえの数年前、文禄という年号を冠した時代に光をあて、その時代に人びとがどのような視線をむけていたのか、公家や僧侶（神官も含む）など京都に暮らした人びとが書き残した文書や日記など同時代史料をとおしてみたことがある。[7]

本書では、そこでおこなったことを秀吉が亡くなって以後、慶長の年号が冠された、およそ二十年にわたる時代についてもこころみようというわけだが、もっとも、同じ時代を徳川家康や豊臣秀頼といった武家の視点からみた書物となれば、おそらく枚挙にいとまがないであろう。[8]そのことをふまえたうえで、本書では、できるかぎり武家側からの視点とは距離をたもちながら、慶長という時代をながめてみたいと思う。

このように慶長という時代に焦点をしぼった先行研究をたずねてみると、守屋毅氏があらわした『「かぶき」の時代―近世初期風俗画の世界―』（角川書店、一九七六年）という書物にいきあたることになる。守屋氏によれば、「もともと「かぶき」とは、異端・異風を意味する」が、それは、「乱世より泰平の世への端境期、十七世紀初期の世相に特徴的な思潮」であるとともに、「新たな統一政権（「徳川幕府」：河内注）の確立過程」という「動向に対して人々が示した拒否反応」であるともいう。

また、それゆえに『「かぶき」』は、幕初の世相史を考える場合、大切なキー・ワードとなり」、「慶長（一五九五〜一六一五）という時代を「かぶき」の時代と呼び」、一書としてまとめたのが、『「かぶき」の時代―近世初期風俗画の世界―』となる。

同書が芸能史の観点から慶長という時代を見とおした、すぐれた研究であることについて異論をはさむ余地はない。ただ、「拒否反応」ということばに象徴されるように、慶長という時代が、「自由であった民衆の世界が、禁制《きんぜい》や法度《はっと》によってせばめられ、強化される封建制のなかに閉ざされる方向」にあるという、氏も編集・執筆にかかわった『京都の歴史　4　桃山の開花』（京都市、一九六九年）「序説」（林屋辰三郎氏執筆分担）に影響をうけたものであることには注意しなければならないであろう。はたして、慶長という時代に、人びとは「新たな統一政権の確立」に対して「拒否反応」を示す余裕などあったのであろうか。

いっぽう、絵画史料論の観点から、慶長という時代を「一六〇〇年九月の関ヶ原合戦から一六一四・一五年の大坂の陣までの「戦間期」」ととらえ、そのあいだにあたる慶長九年（一六〇四）の豊国臨時《とよくにりんじ》祭《まつり》を描いた三双の『豊国祭礼図』の読み解きをとおして、それらの注文主と考えられる秀頼や淀殿、あるいは高台院や蜂須賀家政《はちすかいえまさ》らをめぐる「慶長の「戦間期」」の政治史」にせまった黒田日出男氏の『豊国祭礼図を読む』（角川選書、二〇一三年）もみのがすわけにはいかないであろう。

本書においてもまた、慶長九年の豊国臨時祭についてはふれることになるからだが、そのことをふまえ、本書では、氏が注目された「政治史」の外側に暮らす人びとのすがたのほうにできるかぎり目をこらしていきたいと思う。

以上の先行研究を視野に入れたうえで、本書では、全体を見とおしていくための座標として、秀吉が京都東山に造立した大仏（大仏殿と本尊）とその変遷においてみたいと思う。第一章でもふれるように、秀吉が亡くなった直後、残された政権関係者がおこなおうとした施策のひとつとして大仏本尊の造立と大仏鎮守の建立[9]があったが、それらの普請は、慶長という時代をとおしてつづけられ、それが大坂の陣へとつながっていくことにもなるからである。

また、大仏がおかれた地は、もともと京中（洛中）と秀吉がその死をむかえた伏見城とその城下町伏見を中継する場所でもあった。ところが、「文禄四年以降」「近隣からの移住と開発によって街区が整備・拡張され、伏見の北端が京都（大仏）の南端と接続[10]」することによって、いわば地続きとなり、結果、「在伏見は在京といわれ[11]」、「伏見も京都の延長として捉えることが可能[12]」ともみられるようになった点も重要であろう。

この点に関連して、当該期の史料にみられる「京都」ということばについてもふれておくと、それでもって単純に都市をあらわすことがあるいっぽう、公家や寺社といった伝統的な支配者層による社会を意味することもみられた。そればかりか、「京御方」「京方」とよばれた軍勢が大坂を拠点にしているなど、大坂を含み込むことすらみられる。

　このように、本書であつかう「京都」は、戦国時代の京中（洛中）（上京《かみぎょう》・下京《しもぎょう》）とくらべれば、空間のうえでも、意識のうえでも、かなり拡大しうる概念としてとらえられるようになっていたわけだが、その「京都」が、慶長という時代にどのような意味をもっていたのかという点についてもふれることになろう。

　以上、いくつか注意すべき点はあるものの、とりあえずはそれらを頭の片隅におきながら、本題のほうへとすすんでいくことにしよう。

（1）遠藤珠紀「豊臣秀次事件と金銭問題」（『日本歴史』八六七号、二〇二〇年）、藤井譲治『近世初期政治史研究』（岩波書店、二〇二二年）。

（2）藤井氏前掲『近世初期政治史研究』参照。

（3）福田千鶴「豊臣秀頼研究序説」（三鬼清一郎編『織豊期の政治構造』吉川弘文館、二〇〇〇年）、同『豊臣秀頼』（吉川弘文館、二〇一四年）。
（4）吉田洋子「豊臣秀頼と朝廷」（『ヒストリア』一九六号、二〇〇五年）。
（5）河内将芳『大政所と北政所―関白の母や妻の称号はなぜ二人の代名詞になったか―』（戎光祥出版、二〇二二年）。
（6）藤田恒春『豊臣秀次』（吉川弘文館、二〇一五年）。
（7）河内将芳『落日の豊臣政権―秀吉の憂鬱、不穏な京都―』（吉川弘文館、二〇一六年）。
（8）とりわけ関ヶ原合戦と大坂の陣については顕著といえる。そのこともあって、本書では、直接かかわるもの以外については注でふれることができなかった。この点、あらかじめご理解いただきたいと思う。
（9）なお、大仏鎮守をめぐっては、秀吉の神号の変化（新八幡から豊国大明神へ）にかかわり、「海外史料」なども積極的にとりいれながら「できる限り広い視野に立って慶長期の政治過程を捉えなおし、日本史上それまでに例を見なかった現役の政治指導者の急速な神格化という異様な現象が出現した政治的背景とその歴史的意義を論じ」た野村玄『豊国大明神の誕生―変えられた秀吉の遺言―』（平凡社、二〇一八年）が最新の研究となろう。
（10）谷徹也「首都としての伏見」（尾下成敏・馬部隆弘・谷徹也『京都の中世史 6 戦国乱世の都』吉川弘文館、二〇二一年）。
（11）横田冬彦「豊臣政権と首都」（日本史研究会編『豊臣秀吉と京都―聚楽第・御土居と伏見城―』文理閣、二〇〇一年）。
（12）三宅正浩「近世前期の武家社会と都市京都」（杉森哲也編『シリーズ三都　京都巻』東京大学出版会、二〇一九年）。

第一章 「関東と京都の御弓箭」としての関ヶ原合戦

1 ❖ 秀吉没後

大仏本尊と大仏鎮守

政権の中心である秀吉を失った直後、残された関係者が大規模におこなおうとしたことは、一見すると意外なものであった。なぜなら、それは、「大仏本尊造立」（『義演准后日記』慶長三年九月二日条）と「大仏東山に八棟作《やつむねづくり》の社頭《しゃとう》建」（同上九月七日条）という計画だったからである。

ここに登場する「大仏」とは、秀吉が京都東山に造立した大仏殿を意味するが[1]、その本尊は、文禄五年（一五九六）閏七月十二日から十三日にかけておこった大地震によって「大破」（『義演准后日記』閏七月十三日条）していた。

いっぽう、「堂無為《ぶい》」（『義演准后日記』文禄五年閏七月十三日条）とあるように、大仏殿自体には大きな被害はなかったものの、秀吉は本尊の再建をおこなわず、翌慶長二年（一五九七）七月十八日に甲斐国に当時所在していた善光寺如来を遷座させることにする（『兼見卿記』同日条）。

その結果、大仏の本尊は大仏ではなくなってしまうが、ところが、その善光寺如来もわずか一年たらずで大仏殿を去る。慶長三年（一五九八）八月十七日に「善光寺如来早朝に甲州へ御帰座」（『言経卿記』同日条）とあるように、突然、帰座することになったからである。

ちなみに、秀吉はその翌日に亡くなるが、いずれにしても、「大仏」（大仏殿）はふたたび本尊を失い、空洞となっていた。その本尊を秀吉が亡くなってわずか半月後にあたる九月二日に再建しようと動き出したわけである。

じつは、これより先、八月二十二日には、「大仏堂供養」（『言経卿記』同日条）がおこなわれている。「大仏堂」（大仏殿）の供養は、慶長二年七月には話題にのぼっていたものの、秀吉在世中には実施されなかった。それが、秀吉が亡くなったことを契機に実施され、そして、今度は本尊の再建へとすすむことになったのである。

なぜ残された政権関係者が、不完全な状態であった「大仏」の完成をいそいだのか、その理由は、もういっぽうの「社頭建」と関連すると考えられる。なぜなら、この社頭は、「大仏山寺に鎮守建立」（『義演准后日記』九月十一日条）とあるように、「大仏山寺」の「鎮守」社にほかならなかったからである。鎮守を建立する以上、本体である「大仏山寺」が不完全な状態では不都合と考えられたのであろう。

それにしてもなぜ、「大仏」の本尊を再建し、「大仏鎮守」を建立することが、中心を失った政権にとって大事だったのであろうか。この点については、たとえば、慶長三年十二月十八日に、『義演准后日記』が、「大仏鎮守へ家康はじめて諸大名参詣す、今日太閤御所御忌日か、今に披露なきゆえ、治《じ》定《じょう》知らず」と記していることが手がかりとなろう。

ここからは、「御忌日」（十八日）がすでに広まっていたことがうかがえるのと同時に、「御忌日」にわざわざ「大仏鎮守」へ家康はじめ諸大名が参詣していることから、亡くなった秀吉を「大仏鎮守」の神として祝うことで、中心を失った政権への求心力を高め、あわせて対外戦争に対峙する姿勢もあらわそうとしていたと考えられるからである。

ここに「家康」の名がみえることからもあきらかなように、一連の動きを主導していたのが徳川家康であることはうたがいない。一般に家康は、秀吉没後まもなくして、いわゆる「天下取り」に動き出したかのイメージがもたれているが、それがいかに現実離れしたものであるのはあきらかといえよう。残された政権関係者のひとりとして、大陸からのすみやかな撤兵と動揺する政情の安定に忙殺せざるをえなかったと考えられるからである。

重みを増す家康の存在感

あけて慶長四年（一五九九）正月五日、『義演准后日記』同日条には、つぎのような記事を見いだすことができる。

> 五人御奉行衆本結《もとゆい》を払うと云々、太閤御所御遠行《えんぎょう》、旧冬までは隠密のゆえにその儀なし、高麗国群兵引き取るのあいだ披露の躰なり、大仏に鎮守建立し、神に祝いたてまつると云々、今日の風聞、御葬礼もこれあるべきかと云々、今に伏見の御城に御座と云々、

右の記事こそ、本書の「はじめに」でもふれた秀吉の死が「隠密」にされ、その遺体が「伏見の御城」にとどめおかれたことがわかる史料である。また、それとあわせて、「大仏」「鎮守」に秀吉を「神に祝」うことが、公に披露された史料であった点にも注意しておく必要があろう。こうして秀吉の死が公に披露されたことと関係があるのかどうかについてはさだかでないが、この直後より政権関係者のあいだにひそんでいた行き違いもあらわとなってくる。

たとえば、山科言経《やましなときつね》の日記『言経卿記』正月二十四日条によれば、「去る十九日に江戸内府《だいふ》」こと家康に対して「縁辺《えんぺん》」（縁組）にかかわり「申し分」（非難すべき点）ありということで、「加賀大納言（前田利家）」「備前中納言（宇喜多秀家）」「毛利中納言（輝元）」「会津中納言（上杉景勝）」「徳善院（玄以）」「増田右衛門尉（長盛）」「浅野弾正少弼（長政）」「石田治部少輔（三成）」

「長束大蔵《（正家）》大掾《（輔）》」らが「使い」を送ったとされているからである。

家康をのぞいた、いわゆる五奉行・四大老の面々が「使い」を送るという、尋常ならざるできごとがおこったようすがうかがえるが、もっとも、「廿日に大略あい済みおわんぬ」と『言経卿記』同日条にみえるから、翌日には解決をみ、大事にはいたらなかったと考えられよう。

ところが、これより三カ月後の閏三月になると、ふたたび騒動がもちあがることになる。神龍院梵《しんりゅういんぼん》舜《しゅん》の日記『舜旧記』閏三月九日条につぎのようにみえるからである。

石田治部少輔《（三成）》と七人大名衆、伏見申し合いこれあり、しかれども内府家康より中《ちゅう》にこのことと云々、治部江州《ごうしゅう》佐保《（佐和）》山城へ隠居、

これによれば、五奉行のひとりである石田三成と「七人大名衆」のあいだで「申し合い」（身分の高い人のまえで口々にいい合うこと）があったとされる。また、同じことを『北野社家日記』閏三月七日条は、「石治部殿《（石田三成）》を福島大夫殿《（正則）》・摂州《（小西行長）》など、そのほか大名衆御申し合いそうらいて、腹御切らせそうらわんよし風聞」と伝えているから、「申し合い」は「腹御切」という物騒なところにまでいたっていたといえよう。

『舜旧記』に「伏見申し合い」とみえるのは、「石田治部少輔（三成）入道、去る四日に大坂より伏見へ行」（『言経卿記』閏三月七日条）ったためだが、同記に「内府家康より中」とみえ、『義演准后日記』閏三月十日条にも「内府家康異見」とあるように、家康の「中」（とりなすこと）や「異見」（いさめること）によって解決をみたとされている。

実際は、家康だけでなく、毛利輝元などもかかわったことがあきらかにされている。[2] また、『言経卿記』閏三月八日条によれば、「太閤政所御アツカイにて無事になるなり」とあり、秀吉の妻である北政《きたのまん》所《どころ》の「御アツカイ」（御嗳、御扱＝仲裁）もあったという。

なお、今回の「申し合い」の結果、「石田治部少輔（三成）、江州サヲ（佐和）山の城へ隠居」（『義演准后日記』閏三月十日条）し、そのいっぽうで、「内府家康、伏見西の丸へ移らる」と近衛《このえ》信尹《のぶただ》の日記『三藐院記《さんみゃくいんき》』閏三月十二日条は伝えている。

この点、奈良の興福寺多聞院《たもんいん》は、日記『多聞院日記』閏三月十四日条に「十三日午の刻、家康伏見の本丸へ入らるのよしにそうろう、天下殿になられそうろう、目出《めで》そうろう」と記している。実際には、『三藐院記』が伝えるように、本丸ではなく西の丸に家康は入ったのだが、京都から一定の距離のある『多聞院日記』に書きとめられた記事は、かつて秀吉が住まいした「伏見の本丸」へ家康が移り、秀吉のように「天下殿」として動揺する政情を少しでも安定させてほしいと願う人びとの思いを映したものであったのかもしれない。

いずれにしても、秀吉の死が披露されて以降、急速に家康の一挙手一投足に人びとの注目があつまるようになっていた。また、ひとたびことがおこれば、家康の関与なしには解決しないという事態もあらわとなり、その存在感は時が経つにつれ重みを増すいっぽうであったといえよう。

大仏鎮守と吉田神道

さて、大仏鎮守は、慶長三年（一五九八）十二月の段階で「大仏鎮守遷宮来る十八日」（『義演准后日記』十二月七日条）とみえるように、すでに遷宮が可能なほどに普請がすすんでいた。九月から普請がはじめられたとしても、わずか三ヶ月ほどという、おそるべき短期間の突貫工事がすすめられていたことがうかがえる。

また、これをふまえて十二月十八日には家康ら諸大名が大仏鎮守に参詣するが、じつは、このころを境にして、神社の性格にも微妙な変化がおこりつつあったことが知られる。たとえば、「徳善院《（玄以）》、大仏の地社のことにつき、二位《（吉田兼見）》のところへ入り来たる」といった記事が、『舜旧記』の十二月十九日条にみえるからである。

ここにみえる「二位」とは梵舜の兄であり、また、吉田社の神官にして公家でもあった吉田兼見《よしだかねみ》を指す。したがって、ここからは、玄以が「大仏の地社」にかかわって吉田兼見と会合していたことが知られる。また、二十四日には、梵舜も伏見をおとずれ、家康から「大仏の社のこと」について「尋ね」をうけたことが確認できる（『舜旧記』同日条）。

「大仏の地社」とか「大仏の社」とよばれていることからも読みとれるように、普請中の神社が大仏鎮守であることにはかわりはない。ただ、それと同時に、兼見や梵舜など吉田神道（唯一神道）の影響がおよびつつあったことも知られよう。

あけて慶長四年（一五九九）二月二十五日には、「社頭およそ出来《しゅったい》、楼門過半出来」（『義演准后日記』同日条）と、社殿も完成に近づきつつあったことがわかる。また、三月五日には、『御湯殿上日記』同日条に「遺言に、阿弥陀の嶽《たけ》に大社に祝われたきとのことにて、徳善院（玄以）、伝奏衆して披露申す」（原文ひらがな）とみえるように、「阿弥陀の嶽に大社に祝われ」ることが、秀吉の「遺言」だったことが「披露」されている。

これに対しては、「前々《まえまえ》の例などそうらわんまま、よくよく御勘《かんが》えそうらいて、よくそうらわんよし仰せ出《い》だされる、吉田などへ御談合のよしあり」（『御湯殿上日記』同日条）（原文、ひらがな）と、「前々の例」をよく調べ、吉田兼見らと談合するようにとの指示が朝廷からくだされていたことも知られる。

図２　大仏・豊国社周辺（「洛中洛外図屏風」部分　奈良県立美術館蔵）

大仏鎮守が、すでに吉田神道の影響下にあったことがうかがえよう。

実際、三月十日には、「今度大仏鎮守、吉田神主存知」（『義演准后日記』同日条）という記事もみることができ、大仏鎮守が兼見や梵舜らのもとにあることはあきらかであった。それからおよそふた月経った四月十三日の夕刻、「大閤御所、伏見御城より大仏阿弥陀が峯にこれを移したてまつる、隠密なり」（『義演准后日記』同日条）とあるように、秀吉の遺体は、ようやく伏見城を出て、大仏の東にそびえる「阿弥陀が峯」に移される。

このことは外国語史料でも確認でき、それによれば、「安置され腐敗した遺骸は埋葬地にあった場所からこの新しい廟へ移された。そしてそこに像が置かれ、一同はそれをデウスとして礼拝し崇敬せねばならなかった」（『十六・七世紀イエズス会日本報告集』）という。

豊国社の成立

こうして秀吉の遺体も移され、大仏鎮守の普請は、つぎの段階、すなわち遷宮（神体を神殿へと移すこと）へとすすんでいく。その遷宮の次第を記した『豊国社遷宮愚記』[3]（図3）によれば、四月十六日に「仮殿《かりどの》下遷宮」がおこなわれ、「仮殿内陣において、宗源《そうげん》行事一座、兼治（吉田）これを勤め」たことがわか

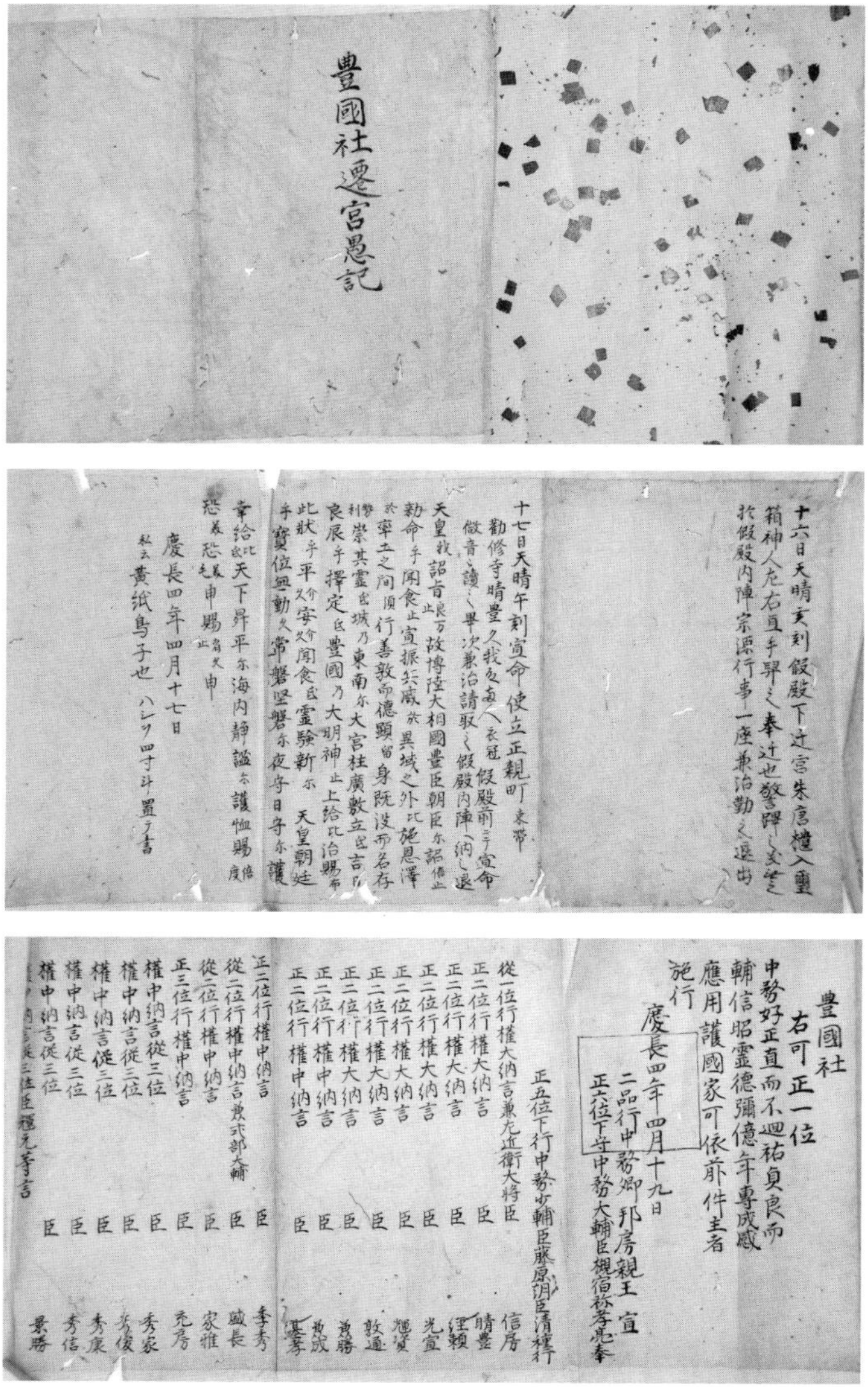
豊國社遷宮愚記

十六日天晴亥刻假殿下遷宮朱唐櫃入靈
箱神人左右互手舁之奉遷也警蹕之文埜之
於假殿内陣宗源行事一座兼治勤之退出

十七日天晴午刻宣命使立正親町東帯
勸修寺晴豊久我敦通衣冠 假殿前ニテ宣命
微音ニ讀之畢次兼治請取之假殿内陣ヘ納し退
天皇我詔旨良万止故博陸大相國豊臣朝臣尓詔倍止
勅命乎聞食止宣振兵威於異域之外尓施恩澤
於率土之間須行善敷而德顯留身既没而名存
勢利崇其靈氐城乃東南尓大宮柱廣敷立氐吉日
良辰乎擇定氐豊國乃大明神止上給比治賜布
此狀乎平介久安介久聞食氐靈驗新尓 天皇朝廷
乎寶位無動久常磐堅磐尓夜守日守尓護
幸給比氐天下昇平尓海内靜謐尓護恤賜倍止度
恐美恐美毛申賜者久止申
慶長四年四月十七日
私云黄紙鳥子也 ハシワ四寸斗置テ書

豊國社
右可正一位
中務好正直而不迴祐貞良而
輔信昭靈德彌億年專成感
應用護國家可依前件主者
施行
慶長四年四月十九日
二品行中務卿邦房親王 宣
正六位下守中務大輔臣槐宿祢孝亮奉
正五位下行中務少輔臣藤原朝臣清[illegible]行
従一位行權大納言兼左近衛大將臣 信房
正二位行權大納言臣 晴豊
正二位行權大納言臣 經頼
正二位行權大納言臣 光宣
正二位行權大納言臣 煕資
正二位行權大納言臣 敦通
正二位行權中納言臣 兼勝
正二位行權中納言臣 親成
正二位行權中納言臣 基孝
正二位行權中納言臣 季秀
従二位行權中納言兼式部大輔臣 盛長
従二位行權中納言臣 家雅
正三位行權中納言臣 充房
權中納言従三位臣 秀家
權中納言従三位臣 秀俊
權中納言従三位臣 秀康
權中納言従三位臣 秀信
權中納言従三位臣 景勝
[illegible]兼三位臣經元等言

図3 『豊国社遷宮愚記』八坂神社蔵

る。ここにみえる「兼治」とは、兼見の子吉田兼治《かねはる》を指すが、その兼治が吉田神道の「宗源行事」をつとめたことが知られよう。

翌十七日には、「宣命《せんみょう》使」として「正親町《（正季）》」「勧修寺晴豊」「久我殿《（敦通）》」が朝廷よりつかわされ、「仮殿前にて宣命」が「微音読まれ」る。その宣命の全文も『豊国社遷宮愚記』には書き写されているが、それにより神号が「豊国乃大明神」とさだめられたことがあきらかとなる。

ちなみに、宣命使がつかわされたことは、『御湯殿上日記』同日条でもみえ、そこでは、神号は「とよくに大みやうしん」であったと記されている。したがって、「豊国乃大明神」とは、「とよくにのだいみょうじん」と読まれたことが判明しよう。

十八日には、「正《しょう》遷宮」がおこなわれ、「羽車《はぐるま》」の上に乗せられ「上に覆衣《ふうい》」された「神体璽箱《しるしのはこ》」が新殿に遷される（『豊国社遷宮愚記』）。そこには、「着座公卿七人」（『義演准后日記』八月十八日条）も列座し、遷座のさいには、「前駈」に「二位卿兼見《（吉田）》」、「後」に「左兵衛督兼治《（吉田）》」、そして、「神体」を「遷したのち」、「宗源行事一座、下陣において、清祓《きよはらえ》兼治これを勤め」たという（『豊国社遷宮愚記』）。一連の行事が吉田神道によってつかさどられたことが知られよう。

十九日には、「勅使」によって「位記《いき》」がもたらされ（『豊国社遷宮愚記』）、豊国社には「正一位」（『義演准后日記』八月十九日条）がさずけられる。その位記も『豊国社遷宮愚記』には書き写されており、原物も現在の豊国神社に伝えられている。

なお、秀吉は遺言として、「死後（中略）シンハチマン、すなわち、新しい八幡《ハチマン》と称されることを望」（『フロイス日本史』）んだと伝えられている。実際、大仏鎮守は、慶長三年十二月の段階ですでに「新八満《（幡）》」（『北野社家日記』十二月十八日条）、あるいは「東山新八幡社」（『言経卿記』十二月二十五日条）とよばれていた。

したがって、神号は新八幡から豊国大明神へと変化したことになるわけだが、もっとも、八幡と豊国はともに軍神をあらわすものとして、内実には大きな変化がなかったと著者は考えている。[4] いっぽう、その変化に政権関係者の思惑があったとみる見解も出されている。[5] が、いずれにしても、このようにして大仏鎮守は、豊国社として一応の完成をみるにいたったといえよう。

武家衆・公家衆の社参

『義演准后日記』によれば、神位がさずけられた四月十九日に「家康・輝元《（毛利）》以下諸大名社参」、また、二十三日には「八条宮《（智仁）》・伏見殿《（邦房）》、明神社参」、そして、二十四日には「摂家残らず大明神社参」したことが知られる。

家康と輝元がともに社参していることからも読みとれるように、この年の正月から閏三月にかけてみられた行き違いについてはとりあえずそれを横におき、政権として当初の目的を優先していたことがうかがえよう。

慶長四年四月二十八日付『豊国神社　金銀注文』[6]という記録をみてみると、十九日以降に社参した人びと（名代も含む）がどれほどの金銀を豊国社に奉納したのかがあきらかとなる。表1は、そこに記された情報をまとめたものだが、ここに名がみえる面々はいずれも武家関係者にかぎられ、また、その社参も、少なくとも十九日から二十六日までつづいたことが知られる。

いっぽう、表2は、表紙に「当社　今月廿六日午の刻巳後《いご》より　御初尾」と記された記録[7]をまとめたものである。これをみてみると、青蓮院《しょうれんいん》や竹内などの門跡、近衛龍山《りゅうざん》（前久《さきひさ》）や徳大寺などの公家衆のほか、武家や「よと《（淀）》過書衆」「よと《（淀）》のうそ《（納所）》惣中」など多様な人びとが、少なくとも四月二十六日から五月朔日まで初尾（初穂）を豊国社に奉納したことが知られる。さらには、慶長四年四月二十八日付『豊国御社御初尾　御太刀注文』[8]という記録をまとめた表3によれば、合わせて四十五振の太刀が門跡を含めた公家衆によって奉納されたこともあきらかとなろう。

このように、神位がさずけられて以降、多数の武家衆・公家衆による社参や金銀・初尾の奉納がみられたことが知られるが、そのいっぽうで、町人など一般の人びとによる参詣がみられたのかどうか

	銀子	1枚	ちくし主水正	筑紫茂成
	銀子	3枚	羽柴柳川侍従殿	立花宗茂
	銀子	2枚	羽柴内記	毛利秀治
	銀子	1枚	高橋主膳正	高橋重次
	銀子	1枚	仙石越前守殿	仙石秀久
	銀子	3枚	宇津宮侍従殿	蒲生秀行
卯月21日	銀子	1つゝみ	山内対馬守殿	山内一豊
	銀子	1枚半	中川修理大夫	中川秀成
	銀子	20目	太田飛驒守殿	太田一吉
	銀子	1枚	真田安房守殿	真田昌幸
	銀子	2枚	村上因幡守殿	
	銀子	1枚	溝口伯耆守殿	溝口秀勝
	銀子	1枚	最上侍従殿	最上義光
	銀子	1枚	木下備中	木下重賢
	銀子	20目	本田(多)因幡守	本多利久
	銀子	3枚	小西摂津守	小西行長
	銀子	1つゝみ	宇田(多)河内守	宇多頼次
	銀子	1つゝみ	羽柴加賀守	丹羽長重
	銀子	10枚	大崎侍従殿	伊達政宗
	銀子	2枚	羽柴対馬侍従殿	宗義智
	銀子	5枚	羽柴常陸侍従殿	佐竹義宣
	銀子	5枚	安芸宰相殿	毛利秀元
	銀子	3枚	安房侍従殿	里見義康
卯月22日	銀子	3枚	鍋島信濃守殿	鍋島勝茂
	銀子	2枚	田中兵部大輔殿	田中吉政
	銀子	1枚	山口玄蕃頭	山口正広
	銀子	1枚	田中民部大輔殿	
	銀子	10文目	御城の梅久	
	銀子	32文め	西村左衛門尉	
卯月23日	銀子	2枚	徳善院僧正	玄以
	銀子	2枚	長束大蔵大輔殿	長束正家
	銀子	1枚	同　兵部少輔殿	長束長吉
	銀子	2枚	増田兵部大輔殿	増田盛次
	銀子	2枚	浅野弾正殿	浅野長政
	銀子	1枚	桑山法印	桑山重晴
卯月24日	銀子	1枚	幽斎	細川幽斎
卯月25日	銀子	1枚	石田隼人	石田重成

表1　豊国神社　金銀注文

月　日	金銀	分量	奉納者	備考
卯月19日	黄金	2枚	内府様	徳川家康
	黄金	5枚	安芸中納言殿	毛利輝元
	黄金	5枚	中村式部少輔殿	中村一氏
	黄金	1枚	会津中納言殿	上杉景勝
	黄金	5枚	羽柴越中殿	細川忠興
卯月20日	黄金	3分	金森法印	金森長近
	黄金	1枚	越後侍従殿	堀秀治
	黄金	5両	結城宰相殿	結城秀康
	黄金	5両	羽柴吉田侍従殿	池田輝政
卯月21日				
卯月22日	黄金	3枚	備前中納言殿	宇喜多秀家
	黄金	5両	加藤主計殿	加藤清正
	黄金	5両	浅野左衛門大夫殿	浅野幸長
	黄金	5両	蜂須賀阿波守殿	蜂須賀家政
卯月23日	黄金	1枚	増田衛門尉	増田長盛
卯月24日				
卯月25日	黄金	10枚	政所様	北政所
	黄金	10枚	御袋様	淀殿
卯月26日	黄金	1枚	島津兵庫頭殿	島津義弘
卯月19日	銀子	100枚	秀頼様　御名代　羽柴北庄侍従殿	堀秀治
	銀子	1枚	小出大和守殿	小出吉政
	銀子	5枚	不名知（ママ）	
	銀子	10枚	生駒雅楽殿	生駒親正
	銀子	2枚	堀尾帯刀殿	堀尾吉晴
卯月20日	銀子	5両	羽柴与一郎殿	細川忠興
	銀子	1枚	加藤左馬亮殿	加藤嘉明
	銀子	1枚	一柳監物殿	一柳直盛
	銀子	1つゝみ	原隠岐守殿	原長頼
	銀子	5枚	生駒讃岐守殿	生駒一正
	銀子	1枚	大谷大学助殿	大谷吉治
	銀子	1枚	脇坂中書	脇坂安治
	銀子	1枚	山口右京亮	山口修広
	銀子	5文め	市橋下総	市橋長勝
	銀子	1枚	ひねの織部殿	日根野高広
	銀子	1枚	大津宰相殿	京極高次
	銀子	1枚	羽柴伊奈侍従殿	京極高知

	300文	同　五兵へ	
	300文	森新十郎	
	300文	同　藤衛門尉	
	300文	大野半左衛門尉	
	200文	南□□	
	200文	一する	
	200文	竹内甚太郎	
	200文	加田孫衛門尉	
卯月29日			
卯月晦日	1貫文		
5月朔日	2貫文	浅野長兵へ	浅野長重
	3貫文	同　宇兵へ	
	1貫文	道三	
	1貫文	如水	
	200文	針屋宗巴	
大明神さまへ御さんせん			
	50貫	ひせんの中納言殿　かミさまより	宇喜多秀家妻
	5貫	大かミさまのうち　しんしゅそ	
	2枚	羽柴対馬侍従殿	
（後欠カ）			

表2　当社　今月廿六日午の刻巳後より　御初尾

月　日	分量	奉納者	備考
卯月26日午刻より	20貫文	堀久太郎	堀秀治
	5貫文	薬院	施薬院秀隆
	3貫文	きゃくじん	客人
	3貫文	青蓮院殿	道鎮
	3貫文	竹内門跡さま	尊恕
	3貫文	三宝院殿	義演
	3貫文	近衛龍山殿	近衛前久
	3貫文	徳大寺殿	徳大寺実久
	3貫文	伝（転）法輪殿	
	3貫文	飛鳥井殿	飛鳥井雅賢
	3貫文	石田木工御料人	石田正澄息女
	3貫文	随心院門跡	
	3貫文	大炊御門殿	
	500文	荒川銀右衛門	
	50貫文	六条の門跡	本願寺准如
卯月27日	30貫文	照香（高）院殿	道澄
	5貫文	聖護院殿	増孝
	3貫文	大学（覚）寺殿	空性
	3貫文	大外記	
	3貫文	大乗院殿	瑞庵
	3貫文	一乗院殿	尊覚
	5貫文	妙法院殿	常胤
卯月28日	3貫文	有馬中書	有馬則頼
	3貫文	観寿（勧修）寺門跡	
	5貫文	よと（淀）過書衆	
	3貫文	よとなうそ（淀・納所）惣中	
	500文	白樫三郎兵へ	
	500文	よと（淀）木村惣右衛門尉	
	500文	よと（淀）河村与三右衛門尉	
	500文	生駒一（壱）岐	
	500文	はやミ（速水）助七郎	
	500文	よと（淀）木村藤五郎	
	500文	夫間甚二郎	
	500文	細野意三	
	300文	山本太郎衛門尉	
	300文	千種又三郎	
	300文	渡辺半右衛門尉	

表3　豊国御社御初尾　御太刀注文

奉納品	奉納者	備考
御太刀	御随身　調子伯耆守	
御太刀	同　玄蕃助	
御太刀	同　主膳正	
御太刀	同　式部	
御太刀	同　越前守	
御太刀	はむろ	葉室
御太刀	五辻	
御太刀	龍山様	近衛前久
御太刀	信濃兵部	
御太刀	堀川判官	
御太刀	姉小路判官	
御太刀	町口判官	
御太刀	西東（洞）院	
御太刀	日野侍従	
御太刀	坊城殿	
御太刀	松木殿	
御太刀	正親町三条	
御太刀	主不知	
御太刀	主不知	
御太刀	伯殿	
御太刀	竹内殿	
御太刀	山科殿	
御太刀	水無瀬殿	
太刀	主不知	
太刀	広橋弁殿	
太刀	藪殿	
太刀	主不知	
太刀	富小路殿	
太刀	主不知	
太刀	梶井殿	最胤
太刀	主不知	
太刀	祭主	
太刀	飛鳥井殿	
太刀	中原殿	
太刀	高倉殿	
太刀	西東（洞）院侍従	
太刀	主不知	
太刀	徳大寺殿	
太刀	正親町少将殿	
太刀	とうしう	
太刀	随心院門跡	
太刀	主不知	
太刀	三宝院殿	義演
太刀	甘露寺殿	
太刀	一庵	

についてはさだかでない。

ちなみに、五月六日に山科言経が、子の「阿茶《あちゃ》丸」を同道して豊国社に参詣したさい、言経は「衣《い》冠《かん》」、「阿茶丸」も「衣冠笏《しゃく》」といった出で立ちで、「二位《（吉田兼見）》」とともに「社参」したという（『言経卿記』同日条）。このようなことから考えれば、豊国社への参詣は、他の神社仏閣へのそれとはやや趣を異にするものであった可能性が高いであろう。

ところで、『義演准后日記』四月晦日《みそか》条には、つぎのような記事がみえる。

> 豊国大明神遷座につき、秀頼公より黄金弐拾両送り賜る、諸門跡同前なり、禁裏《きんり》へは銀子千枚進上すと云々、摂家黄金弐拾両づつ、そのほか公家衆同前なり、諸役人以下残らずくださると云々、

右によれば、豊国社の成立にあたって、「秀頼公」より諸門跡・摂家・公家衆らに「黄金弐拾両」、また、「禁裏」へも「銀子千枚」が「進上」されることになったという。実際、山科言経は、五月三日に「徳善院《（玄以）》」のところで「金子一枚」「銀子五マイ《（枚）》など」をうけとっている（『言経卿記』同日条）。おそらく言経をはじめとした公家衆は、こうして豊国社へ奉納したもの以上の財を得ることになったのであろう。

図 4　北政所像（東京大学史料編纂所蔵・模写）

北政所の社参と大仏千僧会聴聞

先の表1をみてみると、北政所は、四月二十五日に黄金十枚を奉納したことが読みとれる。同じように、秀頼の生母「御袋様《おふくろさま》」（いわゆる淀殿）も黄金十枚を奉納している。「御袋様」が社参した可能性は低いように思われるが、北政所については、この日に社参したことが確認できる。

『義演准后日記』四月二十五日条に「北政所、豊国明神へ社参」とみえるからである。しかも、「諸大名以下共（供）奉歴々」と記されるように、その社参は諸大名をしたがえてのものであった。このように、北政所が正遷宮の十八日や神位がさずけられた十九日ではなく、わざわざ二十五日に社参することにしたのは、この日におこなわれる大仏千僧会《せんぞうえ》も聴聞するためだったと考えられる。

大仏千僧会とは、大仏の一部として当時位置づけられていた妙法院の経堂において、文禄四年（一五九五）九月二十五日から「太閤様御先祖」の「御弔《とむらい》」（御弔い）のために「新儀」「八宗」（真言宗・天台宗・律宗・禅宗・法華宗（日蓮宗）・浄土宗・時宗・浄土真宗）の僧百人ずつ、あわせて八百人を招集してはじめられた大規模な法会を指す（『言経卿記』同日条[9]）。

その式日は、当初は秀吉の母大政所《おおまんどころ》の月命日である二十二日に設定されていたものの、直前になってそれが「大政所御父母」の月命日である二十五日と二十九日へと変更された。北政所が四月二十五日に豊国社へ社参することにしたのは、これにあわせたためである。

大仏千僧会では、一同に八百人の僧侶が集められるのではなく、一日のなかで時間差をとりながら「新儀」「八宗」がおのおの法事をとりおこなうということもあって、開始は早朝からとなっていた。また、その順序も厳密にさだめられており、最初の年にあたる文禄四年でいえば、真言宗・天台宗・律宗・禅宗・法華宗・浄土宗・時宗・浄土真宗の順になっていた。

慶長四年四月二十五日も同様であり、「最初真言宗」「次天台宗」「次律宗」といった順に法事がすすめられていたが、律宗の法事がおわり、律僧たちへ「斎《とき》」がふるまわれているあいだに北政所は「御退出」してしまったという（『義演准后日記』四月二十五日条）。

そのため、「自余《じょ》宗」（禅宗以下の五宗）の法事を北政所は聴聞しておらず、そのことを義演は「無念か」と『義演准后日記』同日条に記している。しかしながら、「新儀」「八宗」すべての法事を聴聞するとなるとかなりの長時間になるから、いたしかたのないことだったのであろう。

大仏千僧会の変化

ところで、今回の社参と聴聞をめぐって注目されるのは、北政所がおとずれたところが、秀吉を神に祝う豊国社であり、また、その秀吉の祖先である「太閤様御先祖」を「御吊」う法会であったという点である。[10]

本来なら、いずれも家を相続したものがおこなうべきことを北政所がなりかわっておこなうかっこうになっていたからだが、その背景には、いまだ秀頼が「御家督」としての関白にも任官されず、「聚楽」や「上京御屋敷」も渡されていなかったことが関係しよう。

もちろん秀頼が秀吉の後嗣であること自体は、うたがう余地もなかったにちがいない。しかしながら、そのいっぽうで、家の相続という点では不十分な点があり、その足らない部分を北政所はおぎなおうとしていたのかもしれない。位だけでいえば、北政所は、天正十六年（一五八八）四月十九日に「従一位」に叙された「豊臣吉子」（『高台寺文書』）として、豊臣氏のなかでもっとも高位にある人物だったからである。

この点とも関連して目をひくこととしては、北政所が大仏千僧会を聴聞した翌五月より、法会のありかたに大きな変化がみられるようになったことがあげられる。先にもみたように、これまで一日のなかで、時間差をとりながら、さだめられた順序で「新儀」「八宗」によっておこなわれていた法事が、慶長四年五月からは「一ヶ月一宗づつに減ぜら」（『義演准后日記』五月二十四日条）れることになったからである。

具体的には、秀吉の「御祖父様」の祥月である四月二十五日と「御祖母様」の祥月である六月二十九日をのぞいて、「五月天台一宗」「七月真言一宗」「八月律一宗」「九月禅僧一宗」「十月浄土一衆」「十一月日蓮一衆」「十二月遊行一衆」「正月本願寺一衆」（『義演准后日記』五月二十四日条）といったぐあいにである。

これにより、新仏教系の法華宗（日蓮宗）や浄土真宗もまた、天台宗や真言宗と肩をならべるかたちで「一宗」として法事をおこなえるようになったわけだが、ここで重要と考えられるのは、そのような変化は「新儀」「八宗」がみずからおこなえるものではなく、それを命ずる存在が必要だったという点であろう。

本来そのような命令は、「施主」（『義演准后日記』文禄五年正月二十九日条）である秀吉をのぞいてだれもできないものであった。ところが、北政所の聴聞を境にそれがおこなわれたということは、北政所が仰せ付け、それが「新儀」「八宗」へも伝えられたと考えるほかないであろう。

こうしてみるとわかるように、大仏鎮守が豊国社として一応の成立をみてもなお、家（羽柴家、豊臣家）の相続は宙に浮いたままであり、また、天下人の地位も空白という不安定な状況がつづいていたことがあきらかとなるのである。

大坂雑説

そのようななか、慶長四年（一五九九）九月十一日に「今夜大坂雑切(説)そうらいて伏見より人数くだるなり」という記事を『北野社家日記』同日条からみてとることができる。これと同じように、大坂で「雑説《ぞうせつ》」（種々のうわさ）がたっているとの話は、『言経卿記』や『義演准后日記』にも記されているが、それらによれば、十三日には「大略しずま」り、「静謐《せいひつ》」になったという。

ところが、それから十日ほどたった二十二日に「北政所京御殿へ御移徙《おわたまし》」という話と「小(大)坂城は内府(徳川家康)へあい渡すか」という話が義演の耳にとどくことになる（『義演准后日記』同日条）。はたして、九月二十六日には、「小(大)坂より北政所京都御殿へ移徙」（『義演准后日記』同日条）している。ここにみえる「京御殿」「京都御殿」のことを『言経卿記』同日条は「禁中辰巳《きんちゅうたつみ》角故太閤殿中」、また、『舜旧記』同日条は「京の城」と記しているから、「上京御屋敷」（京都新城）を指すことはあきらかといえよう。

もっとも、ここでなぜ北政所が大坂から「上京御屋敷」へ移徙することになったのかという点を説明してくれる史料は残されていない。が、伊那《いな》昭綱《あきつな》（令成）が九月二十三日にしたためた書状（『島津家文書』）に「秀頼様御ため悪《あ》しきこと」に関して家康が「伏見は手遠《てどお》にござそうろうの条、大坂に居住申され、諸事仕置など申し付けらる」とみえることが関係していよう。

「大坂雑説」とは、おそらくここにみえる秀頼にかかわることがらであり、家康がそれに対応するには伏見では遠いため大坂に「居住」することになったと読みとれるからである。とはいえ、「大坂雑説」と北政所との関係については不明といわざるをえないが、島津惟新《いしん》（義弘《よしひろ》）が九月二十八日に出した書状（『島津家文書』）に「北政所様、京都のごとく一昨日御移りにてそうろう、その御跡二の丸内に内府（徳川家康）様は御移りなされそうろう」とあることからすれば、「大坂雑説」が北政所の「上京御屋敷」移徙と何らかのかかわりをもっていたことだけはまちがいないであろう。

いずれにしてもこのようにして、北政所は、本来なら秀頼が渡されるべき「上京御屋敷」に移徙し、そして、十月朔日に「内府（徳川家康）小（大）坂御城二丸へ入」（『義演准后日記』同日条）ることとなったのである。

なお、今回の「大坂雑説」にかかわって、『多聞院日記』九月十七日条はつぎのような興味深い記事[11]を残している。

> 大坂にて去る十日、秀頼の母、家康と祝言《しゅうげん》これありそうろう、太閤の書き置きあるのよしにそうろう、

九月十日に「太閤の書き置き」にしたがい、「秀頼の母」と家康が「祝言」（婚礼）をあげることに

なったという。同じような話は、日本に抑留されていた朝鮮儒者姜沆《きょうこう》が記した『看羊録《かんようろく》』にも「家康はまた、秀吉の遺命をたてに、秀頼の母を室にしようとした」とみえ、一定のうわさとして流れていたと考えられる。

もっとも、それはうわさ以上のものではなかったが、ただ、ここからは、「秀頼の母」と家康との「祝言」がもし実現したのなら、不安定な政情が多少なりとも安定するのではないかという人びとの願いを読みとることは可能であろう。いずれにしても、ここでもまた人びとの目は、家康にそそがれていた。

2 ◈ 京都からみた関ヶ原合戦

道作り

秀吉の死が公表されてからあらわとなった政権関係者間の行き違いは、慶長五年（一六〇〇）六月、ついに軍事的な衝突へと発展する。『言経卿記』六月十六日条につぎのように記されているからである。

会津中納言長尾《（上杉）》景勝《かげかつ》、逆心あるあいだ、内府《（徳川家康）》発向すべきのよしと云々、大坂より伏見まで御上りおわんぬ、

政権内部にいるわけではない山科言経の立場からすれば、上杉景勝と家康のあいだにどのような行き違いがあったのかについては知るよしもない。ただ、ここからは、景勝が政権に対して「逆心」をおこしたため家康が「発向」（軍勢をもって攻めむかうこと）することになり、大坂より伏見へとのぼっ

てきたことが知られよう。

『義演准后日記』によれば、すでに六月十二日条に「来る十六日内府家康出陣」とみえるから、おそくとも十二日には家康の「発向」「出陣」の一報が伝わっていたことがあきらかとなる。また、家康が伏見城から会津へ進軍していくとすれば、大亀谷あたりを通り醍醐・勧修寺《かんしゅうじ》・小野周辺を経由して大津へとむかうことになったであろう（図7参照）。

それをふまえてのことと考えられるが、義演は「勧修寺寒縄手《サフナハテ》道作りの儀仰せ付け」たと十二日条の日記に記している。軍勢を通りやすくするためであろうか、家康に命じられたわけでもないにもかかわらず、道作りを周辺の住人たちに仰せ付けたことが知られる。

同日条には、「醍醐・小野同前、ただし昨日仰せ出だしおわんぬ」とも記されており、醍醐と小野へはこれより先に道作りを命じたことがあきらかとなる。また、十四日条には、「寺領道作りの儀、堅く仰せ付けおわんぬ」、「勧修寺より道出来のよし注進」とみえるから、急ピッチで道作りがすすめられたことが知られよう。

はたして、「内府家康大坂より今日伏見城著（着）」いた十六日には、「伊達侍（政宗）出陣三千人ばかり」が「当郷まかり通」（『義演准后日記』同日条）り、十八日には、家康も「当所」を「巳の剋」（午前十時ごろ）に「融（通）られ」（同上同日条）たという。

おそらく、このあたりで軍勢が行き交うすがたを目のあたりにしたのは、すぐる天正十年（一五八二）六月の山崎合戦後に落ちのびる明智勢以来のことだったのではないだろうか。それから、およそ二十年弱、秀吉の時代を経たにもかかわらず、「戦国」という過去がいまだ過ぎ去っていないことを人びとは実感することになったであろう。

天下謀逆

家康が伏見をたって、およそひと月が経ったころ、『義演准后日記』七月十三日条にはつぎのような記事を見いだすことができる。

大坂雑説と云々、よって伏見より荷物京へこれを運ぶと云々、内府《（徳川家康）》留主ゆえなり、なにごとや、

大坂で「雑説」がたったため、伏見から「荷物」を京都へ運び込む人びとのすがたがみられたという。大坂にて不穏な動きがみられ、それが伏見にもおよぶのではないかと心配したのであろう、人びとが「荷物」を京都へ避難させようとしていたことが知られる。その背景には、「内府」家康が伏見や

大坂を「留主」にしているからだというのが義演の見立てだが、家康の不在がたちまち世上の不安へとつながっていったようすが知られよう。

十五日になると、「最前出陣衆、江州あたりより帰陣」（『義演准后日記』同日条）と、家康を追って「江州」（近江国）まですすんでいた軍勢が引き返し、その影響で「諸人、物を所々へ運び渡」すすがたがみられたという。

いかなる事態がおこっていたのか、この段階では義演のもとには情報がとどいていなかったようだが、『舜旧記』七月十五日条には「天下謀《ぼう》逆《ぎゃく》露《ろ》顕《けん》」とみえるから、天下をゆるがす「謀逆」（謀反をはかること）が「露顕」したことが知られよう。

それでは、その「天下謀逆」とは何だったのであろうか。おそらくそれは、義演が七月十七日に得た、つぎのような情報が関係するのではないかと考えられる（『義演准后日記』七月十八日条）。

昨夕大坂西丸へ毛利宰相（秀元）御守護のため入ると云々、このなか家康住宅の丸なり、徳善院（玄以）・増田右衛門（長盛）・長束（正家）大蔵大輔三人、家康へ[redacted]条数にして江戸へこれをつかわすと云々、

昨日の十七日に「家康住宅」していた「大坂西丸」に毛利秀元が入り、それとともに、玄以《げんい》・増田《ました》

長盛《ながもり》・長束正家《なつかまさいえ》ら三奉行が「[redacted]条数」にわたる文書を江戸へつかわしたという。秀元のあと、十九日には「毛利中納言（輝元）六万にて大坂城へ籠もる」と、輝元が「六万」の軍勢をともなって西の丸に入ったとも伝えられているが（『義演准后日記』同日条）、十八日条にみえる「[redacted]条数」とは、同じ十九日条に「家康へ奉行より十三ヶ条数」とあることから、十三カ条だったことがあきらかとなる。おそらくこれは、家康を弾劾する文書として知られる「内府ちかいの条々」「内府公御違いの条々」（『真田家文書』ほか）を指すのであろう。

このような動きに対しては、同じ十九日条に「伏見御城籠衆として徳善院（玄以）・長束（正家）以下宿所これを焼」くとみえ、家康の留守をまもる「伏見御城籠衆」が、奉行らの「宿所」を焼いたことが知られる。ここから、三奉行や輝元らが、反家康の立場にたち、家康を政権からのぞこうと実力行使に出たことがうかがえる。おそらくこれら一連の動きが、「天下謀逆」にかかわるものだったのであろう。

『言経卿記』七月十八日条には、「大坂にて長岡越中守（細川忠興）女房衆自害」とあり、細川忠興《ただおき》の「女房衆」（いわゆる細川ガラシア）が「自害」したことがみえる。また、翌十九日条には、「内府内衆鳥居彦右衛門尉（元忠）」らが楯籠もる伏見城が「大坂より猛勢にて責め」られたとの一報が京都へもとどいたことが知られる。ついに大坂や伏見で合戦の炎があがり、京都もまた、その火の粉から無縁ではいられない状況にいたったことがあきらかとなろう。

伏見城攻撃

複数の日記によれば、伏見城攻撃は、七月十九日からはじめられたようだが、「御城近所屋形終夜放火」（『義演准后日記』同日条）や「伏見城二丸内より焼き払う」（『時慶記』同日条）といった記事からは、城側が防禦するためであろうか、手はじめに「近所屋形」や「二丸」を焼いたたことが知られる。いっぽう、「終日鉄放《（砲）》これを打つ」（『義演准后日記』同日条）、「昼夜鉄放《（砲）》これを打つ」（『言経卿記』同日条）とあるように、攻撃側は、「終日」「昼夜」鉄砲による攻撃から合戦をはじめたようである。

醍醐寺から伏見城との距離は、直線で五キロにもみたず、このように至近距離で合戦がはじまったということもあるのだろう、醍醐寺周辺では、足軽・雑兵などによる乱入をふせごうと各所に「構《かまえ》」（防壁）がそなえられたことが読みとれる（『義演准后日記』七月十九日条[12]）。

また、京中でも、同じような目的なのであろう、公家のもとへさまざまな財物を預物《あずけもの》[13]として託する町人たちのすがたがみてとれる（『時慶記《ときよしき》』七月十九日・二十日条ほか）。みずからにふりかかってくる戦禍を少しでも減らそうとする人びとの自助努力がはじまっていたことが知られよう。

『義演准后日記』七月二十日条には、「伏見御城へ秀頼様衆押し寄せ戦これあり」とみえ、伏見城を攻撃する軍勢を義演が「秀頼様衆」と認識していたことがわかる。三奉行や輝元らが秀頼を擁したと

図５　伏見城（「洛中洛外図屏風」部分　個人蔵・写真提供　名古屋市博物館）

みていたのであろう。

もっとも、翌二十一日条には、「寄せ衆いまだ大将分著《(着)》かざるか」とあり、大将にあたる人物がいまだ加わっていなかったことが知られる。いっぽう、攻撃のほうははげしさを増しており、二十一日の「戌の剋」(午後七時ころ)には「大責め」がおこなわれ、「鉄放《(砲)》の音、天地を動か」すほどであったという(『義演准后日記』同日条)。そのようなはげしい合戦のようすを確認するためであろうか、「京都・このあたりの郷民、小栗栖《おぐるす》山にて見物」し、義演自身も「長尾山にて見物」したと同日条には記されている。

二十二日になると、義演らがおそれていたとおり、「城責めの料として竹木伐り取る」動きがみられ、そのため、「守護不入《しゅごふにゅう》の折紙を写して」、「構」に打ちつけさせたと記されている(『義演准后日記』七月二十二日条)。醍醐寺の境内・寺領が守護不入の地であることを知らしめることによって、竹木伐採の難をさけようとしたわけである。

ちなみに、この二十二日に「大将分」として「筑前中納言《(小早川秀秋)》、伏見城責め衆として著《(着)》」(『義演准后日記』七月二十三日条)き、また、「浮田中納言《(宇喜多秀家)》人数伏見へ詰め」(『言経卿記』七月二十二日条)たことがみてとれる。小早川秀秋や宇喜多秀家といった秀吉の身内というべき武家衆の参戦により、「秀頼様衆」のすがたかたちはよりあらわになったといえよう。

竹の伐り取りと制札

ただし、攻撃から三日たっても、伏見城は容易に落ちる気配をみせなかった。そのことと関係するのであろうか、「伏見城毎夜夜ばかり鉄放《(砲)》打つ」(『言経卿記』七月二十二日条)、「今夜伏見大てつはう《(鉄砲)》事のほかなる」(『北野社家日記』七月二十三日条)、「伏見城暮れより夜中鉄放《(砲)》打つ」(『言経卿記』七月二十三日条)、「伏見城郭夜中鉄放《(砲)》打つ」(同上七月二十四日条)、「伏見城夜中鉄放《(砲)》打つ」(同上七月二十五日条)、「伏見城終夜毎夜鉄放《(砲)》打つ」(同上七月二十六日条)、「伏見城夜中鉄放《(砲)》打」(同上七月二十七日条)といったように、鉄砲が「毎夜夜ばかり」「暮れより夜中」打ちつづけられたことが知られる。

城中にいた人びとの恐怖はもちろんのこと、醍醐をはじめとした周辺地域の人びとの恐怖もまた想像するにあまりある。もちろん、その音は「京中」にも「響《ひび》」(『孝亮宿祢記《たかすけすくねき》』七月二十四日条)いており、また、二十四日には、「濫妨《らんぼう》」(掠奪すること)を目的としたものたちもあらわれ、それを「地下《じげ》人《にん》」(住人たち)が「武具をもって出あい禦《ふせ》」ぐという事態もおこっていた(『義演准后日記』同日条)。その背景にも、「伏見城堅固に持」ちこたえていたことがあったようだが、それゆえ逆に「このあたり迷惑」は増すばかりであったといえよう(同上)。

このような事態を予期していたのであろうか、義演は、「秀頼様衆」の大将である「金吾《きんご》」(小早川秀秋）から「制札」を得、二十五日に「構」の南北に打たせている（『義演准后日記』七月二十五日条）。

制札とは、禁止事項などを書いて路傍や辻に立てた掲示板を意味するが、秀秋から得た「制札」にも、「一、濫妨狼藉《ろうぜき》のこと」「一、竹木切り採りのこと」「一、田畠苅り取るのこと」（同上）の三ヵ条が記されていた。このいずれもが、戦国時代の合戦ではつきものというべき足軽・雑兵らによる「迷惑」行為にほかならず、そして、それらの禁止をさだめた「制札」を小早川秀秋から得たということは、「濫妨」をおこなっていたのが、攻撃側の「秀頼様衆」であったことを意味しよう。

義演は、今回手に入れた「制札」を「写して」「寺領へ」も「つかわし」（『義演准后日記』七月二十五日条）、周辺の安全を確保しようとしたことが知られるが、その効力は思ったほどではなく、二十八日には、「濫妨人百四五十」人が「伏見城責めの用と号して、竹を切り取」ろうと押し寄せている（同上同日条）。

これに対しても、寺に属する「侍ども出あい門を閉じて戦」い、「早鐘をつき」、「郷民武具にて蜂起」したため、「彼の賊徒」を押しもどすことができたという（『義演准后日記』二十八日条）。たとえ制札を得ていたとしても、みずからの命や財産はみずからの手で守るしかないという、戦国の世の常をここでもまた、目のあたりにすることになったであろう。

もっとも、「賊徒」らは、「引き足」（退きざま）に「日野郷」の「竹おおかた伐」り、翌二十九日には「両度」（二度）も押し寄せてきたというから（『義演准后日記』七月二十九日条）、ちょっとやそっとのことでは、「濫妨」行為は追い払えないというのが現実であった。

　そういうこともあったのであろう、同じ二十九日に義演は、「制札大坂へ取りにや」り、翌晦日に玄以・増田・長束ら「三奉行衆の制札」がもたらされている。そして、そこには、「一、軍勢甲乙人乱妨狼藉のこと」「一、放火のこと」「一、山林竹木伐り取りのこと、つけたり、田畠立毛《たちげ》苅り取りのこと」と書かれてあったという（『義演准后日記』同日条）。

　最後にみえる「田畠立毛苅り取り」とは、「立毛」（収穫前の農作物）を苅り取る「刈田《かりた》狼藉」の名で知られる「濫妨」行為のひとつだが、これを含めて、秀秋の制札だけでは、十分な効き目がなかったのかもしれない。

　対して、「三奉行衆」の署判がすえられた「制札」であれば、さすがに足軽・雑兵らにも効き目があるとみられたのであろう。もっとも、そのような「制札」がまにあわなかった地域もあったらしく、同晦日に「勧修寺林」の「竹ことごとく伐り取られ」てしまっている（同上）。

伏見城落城

『言経卿記』七月三十日条をみてみると、「伏見城、夜中に松の丸・名護屋丸など焼失しおわんぬ」と記され、また、『舜旧記』同日条にも「夜に入り伏見城内松丸焼く」とある。したがって、この日に松の丸や名護屋丸が焼けたことが知られよう。

松の丸と名護屋丸は、ともに城の東側にあったと考えられているから、(14)東方の「秀頼様衆」による攻撃が成果をあげたことになる。すでに『義演准后日記』七月二十一日条には、「北東方堀の際まで攻め寄せ」という記事がみえ、初手から「北東方」が「秀頼様衆」の攻め口だったのであろう。

そして、この三十日より翌八月朔日にかけて伏見城は落城するが、そのようすを長尾山から見物していた義演は、つぎのように克明に書き残している（『義演准后日記』八月朔日条）。

> 子の剋、伏見城松丸焼き立て責め入りおわんぬ、猛火昼のごとし、長尾山において見物す、辰の剋、本丸月見矢蔵を火矢にて焼き立て、それより千畳敷・矢蔵以下南を指して焼け、西へまわりて焼け、巳の末剋、殿守《（天守）》上の重より焼き出で、午の剋焼け果ておわんぬ、

これによれば、真夜中の「子の剋」（午前零時ころ）に攻撃側が松の丸を焼き、「責め入」ったという。城の東側から城内へと「秀頼様衆」が入りこんだことがあきらかとなるわけだが、当時は夜が明

けると日付がかわるといった感覚であったため、三十日条と朔日条と日記により落城の記事は分かれている。実際、「子の剋」に松の丸が突破されたのだとすれば、そのように伝えられてもけっして不思議ではなかったであろう。

「秀頼様衆」は、「辰の剋」（午前八時ころ）には、「本丸月見矢蔵」を「火矢」（発火用の矢）で攻めたて、それにより「千畳敷・矢蔵」などが焼け落ちる。そして、その火が南に広がり、そこから西にもまわったため、「巳の末剋」（午前十一時ころ）には「殿守《（天守）》」（図5参照）が上の階から焼けて、「午の剋」（真昼の十二時ころ）には「焼け果て」てしまったという。

およそ半日にわたり攻撃と猛火が伏見城を襲ったわけだが、その結果、「備え籠もる大将鳥井彦衛門《（鳥居元忠）》自害、そのほか軍兵打ち死し」たと『舜旧記』八月一日条は伝えている。もっとも、『言経卿記』同日条には、「寄せ手勢三千人ばかり手負いこれあり」とあるから、「秀頼様衆」の被害も相当なものであったことがうかがえよう。

ふりかえれば、伏見城は、わずか二年まえに秀吉が亡くなり、およそ半年間にわたり、その遺体が安置されたところでもある。その城を「秀頼様衆」が攻撃し、焼き払ってしまうとは、さすがの秀吉も想像すらしていなかったにちがいない。

城が落ちると、そこからのがれる「落者《おとしもの》」（落ち武者）もあらわれたが、『義演准后日記』八月三日条には、「秀頼様衆」の「奉行より」「落者搦《から》め出だす」ようにとの指示が到来し、「落者」が村々に隠れていないか、「寺領分かたく仰せ触れ」たとみえる。

いっぽう、焼け跡では、「伏見城奉行」の「石田木工（正澄）・新城（新庄直定）越前」らが「金銀を炭のなかより掘り出」す作業をおこなったと『義演准后日記』八月四日条は伝えている。「唐物重宝」「絹綿類」などは焼失してしまったものの、「金銀」は焼けずに残っていたのであろう。

京御方と東国衆

伏見城が落城したのち、京都周辺では、「毛利内安国寺（恵瓊）尾州《びしゅう》出陣千人ばかり、当郷をまかり通りおわんぬ」「長束（正家）大蔵大輔、伊勢口へ出陣」（『義演准后日記』八月五日条）、「諸大名出陣」（『時慶記』八月十日条）、「浮田（宇喜多秀家）中納言出陣一万人と云々、当所通りおわんぬ」（『義演准后日記』八月十五日条）、「伊勢八万騎出陣、北国三万余出陣」（同上八月十七日条）といったように、各地へ軍勢が続々と出陣していくようすが目撃されている。

いっぽう、八月二十一日には、「家康八万騎率い上洛風聞」（『義演准后日記』同日条）と、家康が大軍で上洛してくるとのうわさも広がっているが、それとともに、「景勝（上杉）・政宗（伊達）・最上（義光）・佐竹（義宣）一味と云々、これ京御方なり」といううわさも記されている（同上）。
上杉景勝・伊達政宗・最上義光《もがみよしあき》・佐竹義宣《さたけよしのぶ》が「一味」（仲間）であるというのは事実に反するものの、彼らが「京御方」と記されている点は注目されよう。「京御方」とは、「京衆」（『義演准后日記』八月二十二日条）、「京方」（同上九月十七日条）、「上方《かみがた》衆」（『中臣祐範記《なかとみのすけのりき》』九月十五日条）などともよばれた「秀頼様衆」を意味すると考えられるからである。

もちろん秀頼や輝元らは、京都ではなく大坂城にいる。にもかかわらず、それに属する軍勢に「京」のことばがつけられているのは、日記を記した寺社関係者や公家衆の認識として、「秀頼様衆」が敵ではなく、距離的にもより近しい存在とみていたことをあらわしているのであろう。

そのことを裏づけるように、八月十日の段階で「京極宰相（高次）は北国堅田《かたた》まで立たる」（『時慶記』同日条に）と、「北国」へ出陣することになっていた京極高次が「大津城」（『言経卿記』九月三日条）へ引き返したことに対して、「大津京極殿（高次）心替わり」と『北野社家日記』九月七日条が書き、また、『義演准后日記』九月五日条も「大津城敵になる」と記している。「京御方」＝「秀頼様衆」に与しない京極高次の行動は、「心替わり」（変心）であり、「敵」対するものとみられていたことがあきらかとなろう。

『時慶記』八月二十五日条をみてみると、「岐阜の儀、合戦負けのよしにそうろう」とあり、「京御方」である岐阜の織田勢が「負け」たと記している。西洞院時慶《にしのとういんときよし》もまた、「京御方」が自分たちに近しい存在と認識していたことがうかがえるが、いっぽう、岐阜を攻め、「岐阜は町焼き払」った軍勢のことを『時慶記』八月二十七日条は「東国《とうごく》衆」とも記している。

これとほぼ同じころ、八月二十日に出された島津惟新（義弘）書状（『薩藩旧記雑録後編』三）では、「関東と京都の御弓箭《きゅうせん（ゆみや）》にてそうろう」とみえ、[15] 現在進行しつつある一連の合戦が、「関東と京都の御弓箭」であると理解されていたことが知られる。「弓箭」（Qiuxen）（Yumiya）とは、「戦争」（『日葡辞書』）を意味するが、「関東」と「京都」の全面的な衝突は確実に近づきつつあったといえよう。

京御方の敗北

『北野社家日記』九月十四日条によれば、「今日大津城あつかこれあり、双方矢留め」とみえ、「あつかい」（曖、扱＝仲裁）が入り、この日に大津城では「矢留め」（一時休戦）が実現したことが知られる。その翌十五日に『舜旧記』同日条は、つぎのような記事を書きとめている。

美濃堺、柏原《かしわばら》において、内府（徳川家康）先勢《さきぜい》、福田（島）・長岡越中（細川忠興）・加藤左馬助（嘉明）、合戦のよし、□大□の勢敗北、大谷刑部少輔（吉継）打ち死にす、金吾（小早川秀秋）殿叛逆によるなり、柏原といえば、美濃国と近江国の境あたりに所在し、当時は東海道（のちの中山道）とよばれた道筋の宿場を指す。そこで家康の「先勢」（先鋒）である福島正則・細川忠興・加藤嘉明《よしあき》らと「□大□の勢」が合戦し、後者が「敗北」、「大谷刑部少輔（吉継）」も「打ち死に」したという。

敗北にともなって、大谷吉継が討ち死にしたという以上、虫喰いで文字がみえない「□大□の勢」とは、「京御方」＝「秀頼様衆」を意味する。いわゆる関ヶ原合戦を伝える記事だが、すでに一報として「金吾《きんご》」（小早川秀秋）の「叛逆」により「京御方」が敗北したとの話が京都へ到達していたことが知られよう。

同じような話は、『言経卿記』九月十五日条にも「美濃大垣・赤坂などにて大合戦これあり、内府（徳川家康）出張るなりと云々、内府勝ちなり、筑前中納言（小早川秀秋）同心」と記され、また、『中臣祐範記』同日条にも「尾州にて家康方と上方衆と合戦、（中略）羽柴金吾（小早川秀秋）殿裏返り、後ろより一万五千余りにて切りてかかるあいだ、了簡なく廃軍」とあるから、その日のうちに京都や奈良をかけめぐったのであろう。

義演は、これより先、大坂城で大般若経転読を要請されたため、十六日にそれをおこない、翌十七日の帰る途中に「京方ことごとく破軍《はぐん》」の情報を得ている（『義演准后日記』同日条）。「破軍」とは敗軍を意味するのであろうが、皮肉なことに「京御方」＝「秀頼様衆」の敗北を大坂城からの帰り道で知ることとなったのである。

また、その帰り道で義演は、「落徒」（落ち武者）が「数多まかり通」るすがたも目にし、翌十八日には、美濃国より退却してきた「毛利宰相《秀元》」の軍勢「二万ばかり」が醍醐あたりを「まかり通」ったようすも耳にしている。

そのさい、醍醐寺からもほど近い「コト引山《琴弾》」という小山で毛利の軍勢は、「陣取り、兵粮して」「子の剋」（午前零時ころ）に出立したという。戦場よりいそぎ退却してきたためであろう、「諸師《士》もってのほかくたびれ、散々の躰」であったとも『義演准后日記』九月十八日条は記している。

このように軍勢のすがたがまじかにみられるようになると、ふたたび足軽・雑兵らによる「濫妨」行為がおきることは必至であった。そのため、翌十九日にいそぎ義演は「制札」を取りにいかせているが、当日の「未の剋」（午後二時ころ）には、「諸軍勢山科郷に陣取り、小野まで人数」があふれるというありさまで、随心院が「濫妨」行為にあっている（『義演准后日記』同日条）。今回、義演が得た制札は、「東国衆」の「福島左衛門大夫《正則》・池田三左衛門《輝政》両人制札」であり、その日のうちに周辺の「方々打ち」つけさせている。いっぽう、それがゆきとどかなかったとおぼしき「山科・小野」では、「小屋落とし」（破壊したり火をかけたりされること）や「濫妨」人による「少々は人を殺」される場面もみられたという（『義演准后日記』九月十九日条）。

おぞましい修羅場がくり広げられていたわけだが、それを耳にして義演は、「およそ建武・応仁の大兵乱もこれには及ぶべからざるか」との感想をもらしている（『義演准后日記』九月十九日条）。もちろん義演自身は、「建武」の「大兵乱」（南北朝の内乱）も「応仁の大兵乱」（応仁・文明の乱）も経験してはいない。

ただ、信長・秀吉の時代という、少なからぬ戦乱がつづいてきたなか成長してきた義演にとっても、伏見城攻撃から関ヶ原合戦にいたる一連の兵乱というのは、格別なものだったのであろう。ちなみに、同十九日「酉の剋」（午後六時ころ）に「家康卿制札」が「到来」し、ようやく落ち着きをとりもどせるのではないかと義演自身は考えたようである（『義演准后日記』同日条）。

北政所と「上京御屋敷」（京都新城）

視線を京中に移してみると、岐阜の織田勢が負けたとの一報が入った直後の八月二十九日に「京都城今日より破ると云々、禁裏御近所ゆえなり」との記事を『義演准后日記』同日条に見いだすことができる。

ここにみえる「京都城」とは、北政所が住まう「上京御屋敷」を指すが、「禁裏」（内裏）の「御近所ゆえ」戦場になることをさけるためだろうか、施設の一部を破壊したという。また、それからおよそ半月後、大津城が攻め込まれた九月十三日にも「禁中巽《タツミ》方秀頼卿御城を南面御門崩しおわんぬ、内屏《（塀）》先日あい崩すなり」との記事を『言経卿記』同日条にみることができる。

この「禁中巽《タツミ》方秀頼卿御城」もまた、北政所のいる「上京御屋敷」にほかならないが、このときには「南面御門」を壊したという。ちなみに、八月二十九日に破壊したところが、「内屏」（内塀）であったこともここから知られ、「南面御門」を壊したのもまた、前回と同じ理由だったことがあきらかとなろう。

それから二日経った九月十五日、先にもふれたように、「京御方」＝「秀頼様衆」が「東国衆」に敗北したとの一報が京中にとどく。そして、それから二日経った『時慶記』九月十七日条には、「今朝より巳の刻まで西園寺《さいおんじ》の築地のあたりへ大坂より人数、甲冑を帯び」「入り乱れ、このあたり門戸を閉じ用心す」とみえる。

西園寺家や西洞院家など公家屋敷がたちならぶ周辺で「甲冑を帯び」た人びとが「大坂より」入り乱れたため、各家では「門戸を閉じ用心」したという。そして、翌十八日には、「昨夜北政所、座を移さる」「准后《じゅごう》御方へ御座」との「風説」も『時慶記』同日条に記されることになるが、はたしてそれは、「風説」などではなく、「晩に政所、准后へ御退き」、しかも「カチハタシの躰」であったと『言経卿記』九月十七日条は伝えている。

「カチハタシ」（徒跣《かちはだし》）とは、履物をはかずに歩くことを意味する。実際のところは不明なものの、かなりあわてて北政所が「上京御屋敷」から移動したことだけはまちがいないであろう。[16]しかも、『御湯殿上日記』九月十七日条によれば、「北政所、城へ火をかけそうらわん」（原文ひらがな）とあり、北政所は「上京御屋敷」に火をかけようとしていたという。

北政所が移動した「准后御方」とは、ときの後陽成《ごようぜい》天皇の生母（勧修寺《かじゅうじ》晴子）を指すが、『北野社家日記』九月十七日条には、「政所様も禁中へ御出でなり」と記されており、実態としては内裏へ移動したと考えられる。戦国時代以来、いかなる軍勢も内裏へは踏み込まないという不文律が知られていたから、[17]北政所もまた、身の安全をはかるために移動したのであろう。

それにしてもなぜ、北政所は「上京御屋敷」から内裏へと移動しなければならなかったのであろうか。そのことを記す史料はみあたらないが、『北野社家日記』九月十七日条にみえる「木下肥後（家定）殿、大坂へ人質に呼びくだるよしなり」との記事が関係しているのかもしれない。[18]『時慶記』九月十七日条にも「木下肥後（家定）家中物忩《ぶっそう》」とみえ、また、十八日条には、「木下肥後（家定）私宅あたりに若狭少将（木下勝俊）籠もらるよしそうろうについて人数寄る」ともみえるからである。

「木下肥後」家定は、「太閤様北政所の御舎兄」（『義演准后日記』慶長十三年九月十二日条）であり、その子のひとりが「若狭少将」木下勝俊、いまひとりが小早川秀秋であった。彼ら木下一族は北政所の親族であり、その一族のひとり小早川秀秋の「叛逆」によって「京御方」＝「秀頼様衆」が敗北し、それにかかわって、家定が「大坂へ人質」によばれることになったという以上、北政所もまた、親族のひとりとして身の危険を感じた可能性は高いであろう[19]。

なお、北政所が住まいしていた「上京御屋敷」は、『言経卿記』九月十三日条に「禁中巽《タツミ》方秀頼卿御城」とあるように、秀頼の城ともみられていた。生前、秀吉は、関白職と、聚楽第にかわる「上京御屋敷」を秀頼に譲ることで家の相続をさせようとしていたことがその背景にはあるが、「秀頼様衆」が「京御方」や「京方」などとよばれていたのも、あるいは、この「上京御屋敷」の存在が関係するのかもしれない。

いっぽう、これより先、七月二十七日に家康の家臣榊原康政《さかきばらやすまさ》がしたためた書状（『秋田家文書』）に「大坂より御袋様ならびに三人の奉行衆」（いわゆる淀殿と三奉行）が「早々内府《（徳川家康）》上洛いた」すよう「申し来た」ったため「今度この方へ御くだりそうろう上方衆同道いたし、上洛申」すとあることからすれば、京都周辺で何らかの決着がつけられることになっていたとも考えられる。結果的に合戦は美濃境でおこなわれたが、あくまでそれは結果にすぎず、もし予定どおり「東国衆」が上洛していたのなら、戦場は京都や伏見などになった可能性も少なくなかったであろう。

内府御朱印

先にみたように、義演のもとには、「家康卿制札」が九月十九日に「到来」していたが（『義演准后日記』同日条）、そのいっぽうで敗北した「京御方」＝「秀頼様衆」が京中へ乱入してくる可能性は、北政所の行動からみても十分に想像できたであろう。そして、それへの対応の一端も『言経卿記』九月十八日条から、つぎのように読みとることができる。

関東より立売栄任《たちうりえいにん》上洛しおわんぬ、京中——札持ちて上りおわんぬ、京都安■アント《（安堵）》——、去る十六日の札なり、内府《（徳川家康）》御朱印なり、

「立売栄任」とは、「たちうり《（立売）》のゑんにん《（栄任）》」（『御湯殿上日記』慶長九年七月二十三日条）ともよばれた町人「亀屋栄任[20]」（『慶長日件録』慶長九年七月二十三日条）を指す。その栄任が「関東」より「上洛」し、「札」をもち帰ったが、その「札」とは、「京都」「アント《（安堵）》」を保証する「去る十六日」の日付が記された「内府御朱印」であったというのが、右の記事が伝える内容である。

このとき栄任がもち帰った「内府御朱印」とは、おそらくつぎのようなものであったと考えられる

（『上下京町々古書明細記』）。

禁制

一、軍勢甲乙人等濫妨狼藉のこと、

一、放火のこと、

一、田畠作毛苅り取ること、つけたり、竹木剪り取ること、

右堅く停止せしめおわんぬ、もし違犯《いぼん》のともがらにおいては、速やかに厳科に処すべきものなり、よって下知くだんのごとし、

慶長五年九月十六日

「御朱印なり」

内容としては、すぐる八月晦日に義演が三奉行から得た「制札」（『義演准后日記』同日条）と同じものだが、伝承（『上下京町々古書明細記』）によれば、右は、亀屋栄任ではなく、「上立売町の住人」「針《はり》屋《や》宗春《そうしゅん》」が「江州草津駅」で「拝領」したものだったという。

どちらが事実であったのかについては判断がむずかしいものの、『北野社家日記』九月十八日条に

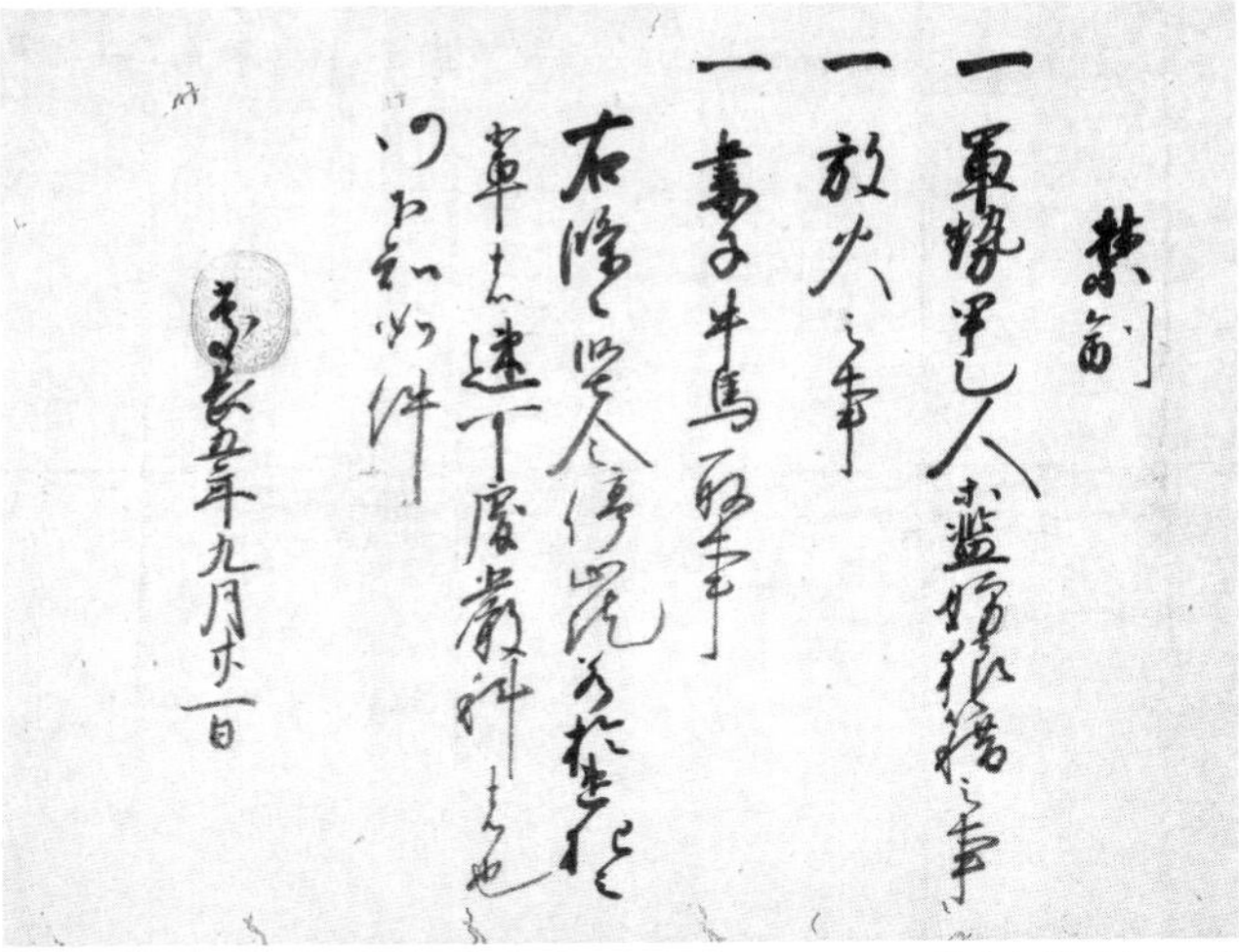

禁制
一 軍勢甲乙人等濫妨狼藉之事
一 放火之事
一 妻子牛馬取事
右條々堅令停止訖若於違犯之
輩者速可處厳科者也
仍如件
慶長五年九月廿一日

図 6　徳川家康禁制（吉田家文書　國學院大學図書館蔵）

表4　徳川家康禁制一覧

年月日	文書名	宛所	典拠
慶長5年9月16日	徳川家康禁制写	（欠）	上下京町々古書明細記
慶長5年9月16日	徳川家康禁制写	（欠）	下古京御朱印幷御判之物類留
慶長5年9月16日	徳川家康禁制	（欠）	賀茂別雷神社文書
慶長5年9月16日	徳川家康禁制	（欠）	貴船神社文書
慶長5年9月16日	徳川家康禁制	（欠）	水無瀬神宮文書
慶長5年9月16日	徳川家康禁制	（欠）	大徳寺文書
慶長5年9月16日	徳川家康禁制	（欠）	妙心寺文書
慶長5年9月16日	徳川家康禁制	東福寺門前共ニ	東福寺文書
慶長5年9月19日	徳川家康禁制	八幡八郷	石清水文書
慶長5年9月21日	徳川家康禁制	北野宮	北野天満宮史料
慶長5年9月21日	徳川家康禁制	大仏門前十八町	今村家文書史料集
慶長5年9月21日	徳川家康禁制	伏見惣町	三雲家文書
慶長5年9月21日	徳川家康禁制	（欠）	吉田家文書

は、栄任が「方々への御朱印」の斡旋をしていたとおぼしき話が記されている。実際、この時期に京都周辺に出された徳川家康禁制を一瞥（表4）してみると、右と同じように、「禁制」という文字の下に記されるべき宛所を欠くものも少なくない。この点からすれば、栄任が複数の家康朱印状の取得にかかわっていた可能性は高いであろう。

ところで、醍醐寺周辺では、九月十九日に「家康卿制札」が「到来」し、落ち着きをとりもどせるかと思ったのもつかのま、翌二十日には、「山上へ五六百人濫妨」があらわれ、「寺家衆ことごとく出あい禦《ふせ》」いだことが、『義演准后日記』同日条に記されている。

翌二十一日にも、「濫妨人百ばかり来」たため、「人数を指しつかわし」「退散」させ（『義演准后日記』同日条）、さらに二十二日にも「濫妨二三百人、御陵口へ来」、それらを「禦」ぐとともに、「炭山にて濫妨」人とも「終日戦」った

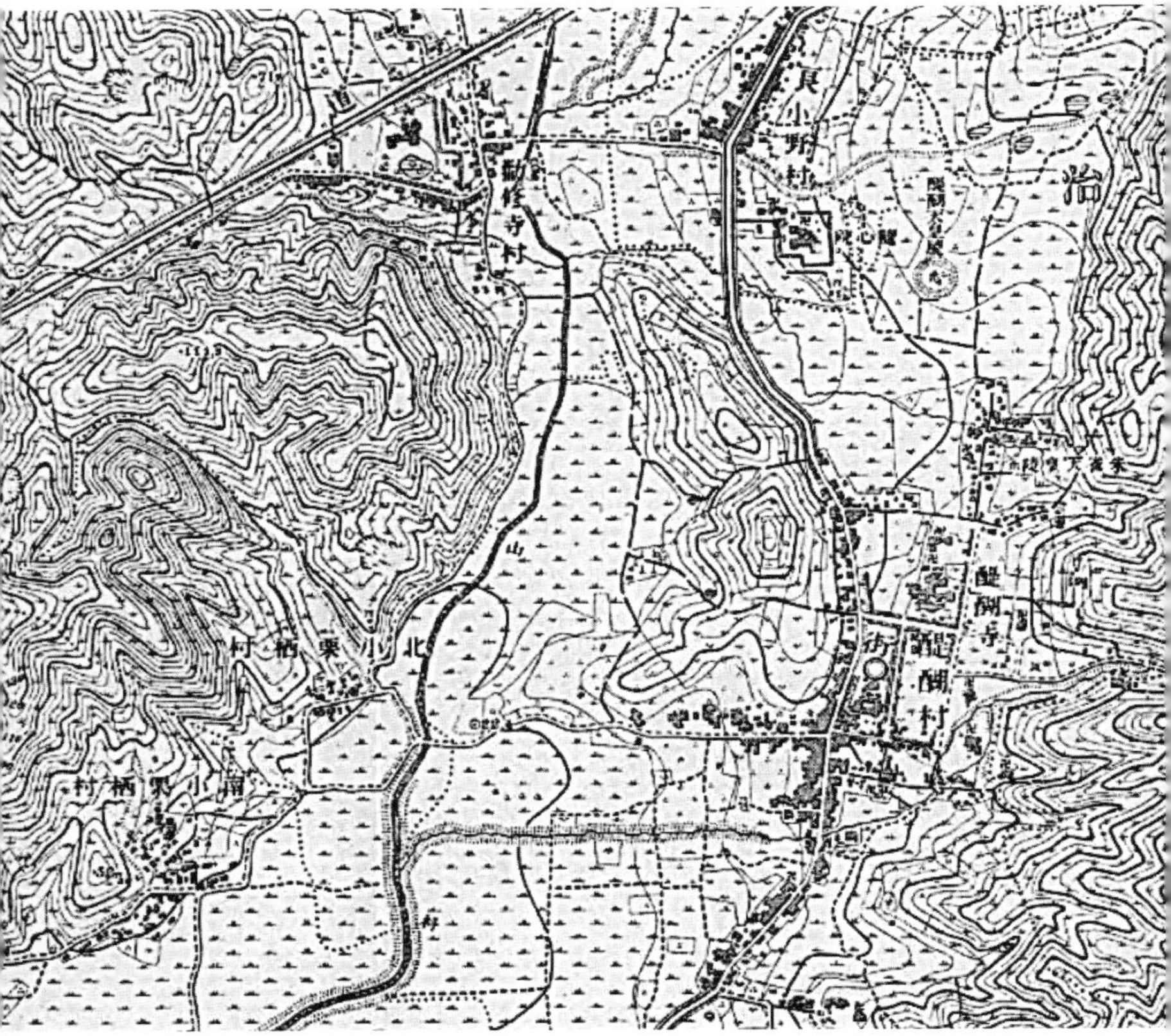

図 7　醍醐寺付近地図（大日本帝國陸地測量部・明治 22 年測量「醍醐村」部分
国際日本文化研究センター蔵）

という（同上同日条）。

家康の禁制があってもなお、濫妨をふせぐことがいかにむずかしかったのかが知られる。その結果、「七郷山科」では「目のおよぶところことごとく陣取りによりてあい果て」たといい（『義演准后日記』九月二十四日条）、また、「竹田の寺家取り破」られ、「八幡地下《じげ》山崎も濫妨」、「上山城西岡《にしのおか》同前」と、「洛外残らず濫妨」というありさまにいたったと『義演准后日記』九月二十六日条には記されている。

このような話を耳にし、義演は、ふたたび「今度の大乱、昔にも聞こえず」との感想をもらしているが、そのいっぽうで、醍醐寺の「山上山下無為」だったのは「鎮守・開山の御加護の至り」（『義演准后日記』九月二十六日条）とも記している。結局のところ、無事をもたらしてくれたのが神仏の「御加護」とは、なんとも皮肉なものと思わざるをえなかったであろう。

天下人家康

『北野社家日記』九月二十日条をみてみると、「今日内府《（徳川家康）》様御迎えに公家衆おのおの参り、上下京《かみしもぎょう》よりも参る」と記されている。公家衆や上下京の町人たちが迎えに出たとされるわけだが、家康は京都へは入らず、この日に「大津へ城まで御上」（『言経卿記』九月二十日条）り、二十七日には「大坂へ御出」で、そして「秀頼卿和睦」したという（同上同日条）。

また、『義演准后日記』九月二十八日条によれば、「内府大坂城へ御入り」、それと入れ替わるようにして「輝元《（毛利）》は本国へ帰」り、同日には、三奉行のひとり「徳善院《（玄以）》河内天野山に居」したとも記されている。

三奉行といえば、「増田右衛門尉《（長盛）》は高野の住まい」（『義演准后日記』九月二十六日条）、「長束大蔵《（正家）》、江州日野において生害《しょうがい》」（『舜旧記』九月三十日条）、そして、「石田治部少輔《（三成）》」は「洛中を渡して六条川原において首切」（『義縁准后日記』十月朔日条）られている。

合戦に敗れた「京御方」＝「秀頼様衆」のうち、生き残ったものたちも、あるものは帰国や降参、またあるものは自害や処刑と、「関東と京都の御弓箭」が「京都」の敗北で決着したことがよりあらわとなったといえよう。

翌十月十五日には、家康によって「諸大名知行分け」がおこなわれ、「福島左衛門大夫《（正則）》備後・安芸両国、輝元城広島城拝領」（『義演准后日記』同日条）したことが伝わる。このように、かつて秀吉が手にしていた軍事指揮権と知行宛行《あてがい》権が家康のもとに帰したことはあきらかであり、空白となっていた天下人の地位にも実質的に家康がおさまることになったといえよう。(21)

落人と預物

少しだけ時間をもどして、『北野社家日記』九月二十三日条をみてみると、そこには「落人《おちゅうど》改めの儀に御奉行衆より御状参る」との記事を見いだすことができる。落人とは、戦いに負け逃げ行く人を指すが、この場合は「秀頼様衆」の残党としての落人をかくまっていないかどうかの捜索が家康側の奉行衆によってはじめられたことを意味しよう。

実際、前日の二十二日には、「鞍馬にて落人十人ばかり御捕らえ」られており（『北野社家日記』『時慶記』同日条）、九月二十六日には、戦場で敗死した大谷吉継の母「東殿」と妹「こや」も「召し取」られ（『時慶記』同日条）、翌十月には、「禁中北摂家裏の町」にあった「大谷刑部少輔母家」を家康が冷泉《れいぜい》為満《ためみつ》に与えている（『言経卿記』十月二十一日条）。落人だけではなく、吉継の母と妹のように「秀頼様衆」とあきらかにつながる縁者にも、きびしい現実が待っていたといえよう。

いっぽう、『義演准后日記』九月二十七日条には、「内府《（徳川家康）》奉行衆より預物の儀糺明として折紙来」るとみえる。ここでいう預物とは、「内府敵方の預物」（『時慶記』九月二十七日条）ともあるように、落人と同じく「秀頼様衆」にかかわるそれを指しているが、「内府奉行衆」から到来した「折紙」とは、具体的にはつぎのようなものであった。

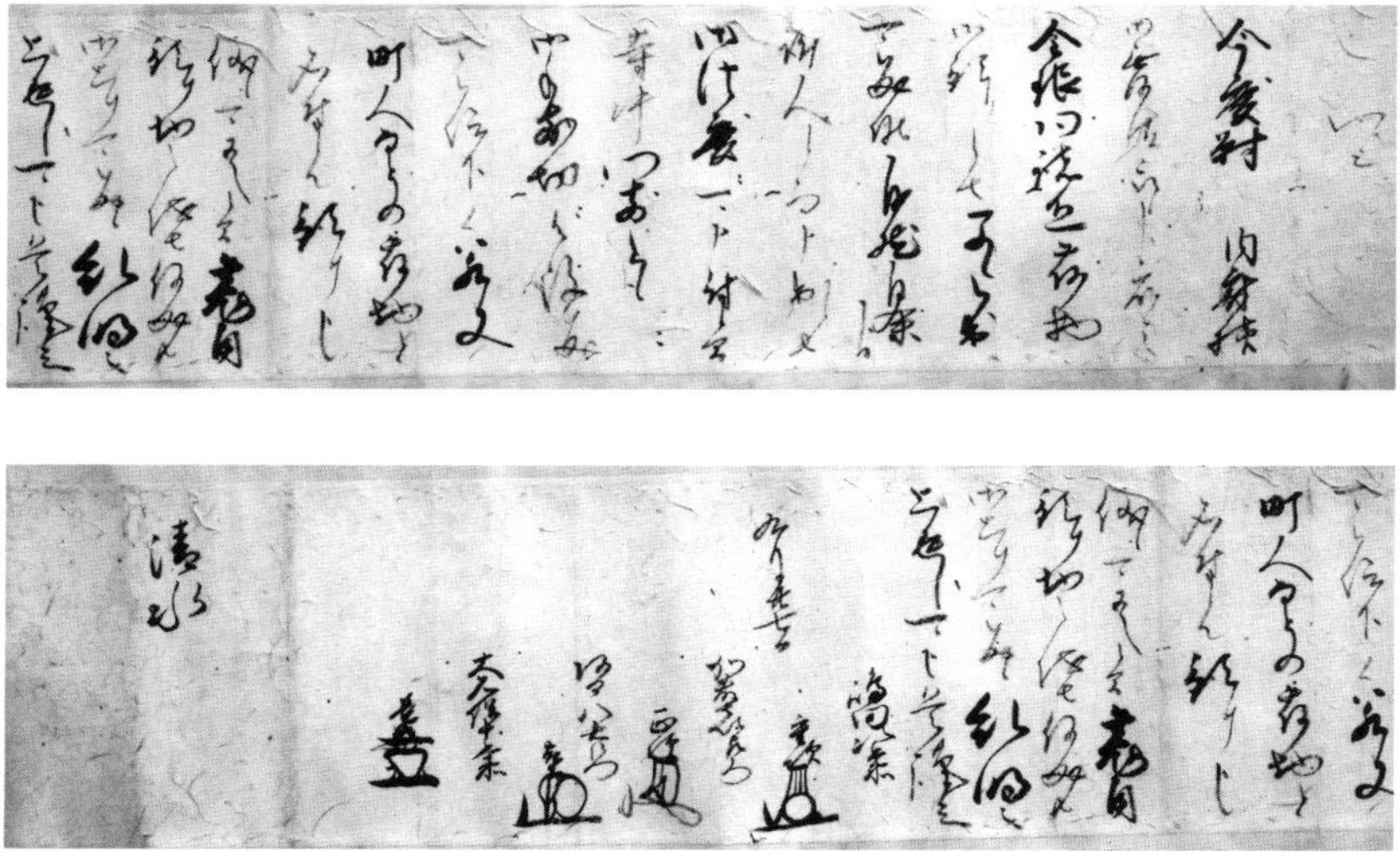

図8　島田重次等連署書状（清水寺蔵）

今度内府（徳川家康）様に対し御無沙汰申さる衆の金銀・同諸色荷物御預かりそうらわば、早々御出だしなさるべくそうろう、自然自余より訴人そうらいて申し出でそうらわば、御法度に申し付くべくそうろうあいだ、寺中・門前ともに御手前切りに御改めなされ仰せくださるべくそうろう、もしまた町人などの荷物と名付けそうらいて預け申しそうろう儀もこれあるべくそうろうあいだ、菟角《とかく》預物の儀は、なんなりとも御上げなさるべくそうろう、糺明のうえ返し申すべくそうろう、恐々謹言、

（慶長五年）九月廿七日

島田次兵衛
重次（花押）
加藤喜左衛門
正次（花押）
阿部八右衛門
正広（花押）
大久保十兵衛
長安（花押）

清水

これは、清水寺に残されたものであり（『清水寺文書』）（図8）、内容としては、今回、家康に対し「御無沙汰」（敵方）となった人びとの「金銀」や「荷物」などを預かっていたのなら早々に差し出さなければならない、もしそれらを隠し置き、露顕すれば「御法度」（処罰）の対象となるので、清水寺として「寺中・門前ともに」取り調べるよう通達する、となる。

預物のなかには、「町人などの荷物と名付け」て預けられたものもあったことが知られるが、とにかく預物についてはすべて差し出すようにと、厳正な捜査がすすめられていたことが読みとれよう。ちなみに、奉行衆のなかに名前がみえる加藤正次は、翌慶長六年（一六〇一）に「諸司代」（『北野社家日記』四月十八日条）とよばれたことでも知られている[22]。家康による京都支配が始動していたことがうかがえよう。

公家衆への預物捜査は勧修寺家をとおしておこなわれたらしく、たとえば、『言経卿記』九月二十八日条によれば、「今度騒動によりて堂上衆も預物これなきよし、一筆」を差し出すことがもとめられ、言経も冷泉為満もともに「一筆」をしたためている。

西洞院時慶も「預物これなきの状また書き直し、また勧修寺へつかわし」（『時慶記』九月二十八日条）ているが、十月に入っても「預物の義に惣次《そうなみ》触れ」（『時慶記』十月八日条）が到来するなど、預物をとおしての「内府《（徳川家康）》敵方」の穿鑿《せんさく》は一定期間つづけられたことが知られよう。

なお、『北野社家日記』九月十九日条によれば、家康が「日ノ岡《ひのおか》に人関《ひとせき》御据えそうろう」とみえ、山科から京中への入り口にあたる「日ノ岡」に「人関」がおかれたことがわかる。敗北した「秀頼様衆」が思いのほか京中（洛中）に流れこんで来なかったのは、このことがあったからかもしれず、逆にそれが、山科や醍醐など洛外での濫妨狼藉へとつながっていったのかもしれない。

（1）以下、大仏については、河内将芳『中世京都の民衆と社会』（思文閣出版、二〇〇〇年）、同『中世京都の都市と宗教』（思文閣出版、二〇〇六年）、同『秀吉の大仏造立』（法蔵館、二〇〇八年）、同『戦国仏教と京都—法華宗・日蓮宗を中心に—』（法蔵館、二〇一九年）参照。なお、東山大仏に関する最新研究としては、『季刊大林　№.五七　秀吉の普請』（大林組ＣＳＲ室、二〇一六年）、登谷伸宏「秀吉政権と東山大仏殿の造営」（『日本史研究』六九八号、二〇二〇年）、長宗繁一「大仏殿復元試案—発掘調査結果からのアプローチ—」（同上）があげられる。

（2）跡部信『豊臣政権の権力構造と天皇』（戎光祥出版、二〇一六年）。石田三成については、中野等『石田三成伝』（吉川弘文館、二〇一七年）、谷徹也編著『シリーズ・織豊大名の研究　7　石田三成』（戎光祥出版、二〇一八年）参照。

（3）『新編八坂神社記録』（臨川書店、二〇一六年）。『豊国社遷宮愚記』以下の記録は、これまで『古事類苑』神祇部七十や東京大学史料編纂所写本の『豊国社旧記』として知られてきたが、その原本にあたるものが八坂神社に所蔵されていたことがあきらかとなった。著者も属する八坂神社文書編纂会が、それらを翻刻し『新編八坂神社記録』におさめたため、本書ではこちらを使用した。なお、芦原義行「豊国大明神の盛衰」（『龍谷日本史研究』三六号、二〇一三年）では『古事類苑』所収のものがつかわれている。

（4）河内前掲『秀吉の大仏造立』参照。

（5）野村玄『豊国大明神の誕生―変えられた秀吉の遺言―』（平凡社、二〇一八年）。

（6）『新編八坂神社記録』。

（7）『新編八坂神社記録』。

（8）『新編八坂神社記録』。

（9）以下、東山大仏千僧会については、河内前掲『中世京都の民衆と社会』、同『中世京都の都市と宗教』、同『秀吉の大仏造立』、同『戦国仏教と京都―法華宗・日蓮宗を中心に―』参照。

（10）河内将芳『大政所と北政所―関白の母や妻の称号はなぜ二人の代名詞になったか―』（戎光祥出版、二〇二二年）。

（11）跡部氏前掲『豊臣秀吉と大坂城』参照。

（12）『義演准后日記』にみえる関ヶ原合戦にともなう醍醐寺周辺のようすについては、すでに岡本良一「「関ヶ原」前後」（京都市編『京都の歴史　4　桃山の開花』学芸書林、一九六九年）、外岡慎一郎『「関ヶ原」を読む―戦国武将の手紙―』（同成社、二〇一八年）でもふれられているが、本書では、より地域に即してみてみた。

（13）預物については、藤木久志『城と隠物の戦国誌』（ちくま学芸文庫、二〇二一年）参照。

（14）山田邦和「伏見城とその城下町の復元」（日本史研究会編『豊臣秀吉と京都』文理閣、二〇〇一年）、同『京都の中世史 7 変貌する中世都市京都』（吉川弘文館、二〇二三年）、福島克彦「伏見城の機能とその破却について」（『ヒストリア』二二二号、二〇一〇年）参照。最新の研究成果として『伏見城跡立入調査報告』（大阪歴史学会、二〇二二年）も参照。

（15）外岡氏前掲『「関ヶ原」を読む—戦国武将の手紙—』参照。

（16）跡部氏前掲『豊臣政権の権力構造と天皇』参照。

（17）清水克行『〔増補版〕室町社会の騒擾と秩序』（講談社学術文庫、二〇二二年）。

（18）跡部氏前掲『豊臣政権の権力構造と天皇』参照。

（19）河内前掲『大政所と北政所—関白の母や妻の称号はなぜ二人の代名詞になったか—』参照。

（20）工藤敬一「近世初頭の一特権町人像—亀屋栄任について—」（『日本歴史』一三三号、一九五九年）。なお、工藤論文では、『言経卿記』はつかわれていない。

（21）福田千鶴「江戸幕府の成立と公儀」（『岩波講座 日本歴史 第一〇巻 近世1』二〇一四年）、藤井譲治『徳川家康』（吉川弘文館、二〇二〇年）。

（22）藤井譲治「徳川政権成立期の京都所司代」（同『近世史小論集—古文書とともに—』思文閣出版、二〇一二年）。

第二章

豊国臨時祭と大仏

1 ◈ 失われゆく大仏

大仏本尊の造立と大仏の拡張

「関東と京都の御弓箭」は、結局のところ、「京都」の敗北におわった。ただし、「関東」側もそのすべてをうちほろぼしたわけではなかったため、「京都」を温存せざるをえないというジレンマをかかえることになる。秀頼と大坂城を温存したことがその最たるものといえようが、秀吉没後、残された政権関係者がおこなった施策としての大仏本尊造立と大仏鎮守建立もそのひとつと考えられよう。

もちろんそれらも、関ヶ原合戦の影響を大きくうけることにはなる。ただ、それでもなお事業が継続されていくことが確認できるが、それについてみていくまえに、合戦がはじまるまでの状況もおさえておくと、大仏本尊と大仏鎮守のうち、後者については、すでに第一章でみたように、豊国社として一応の完成をみていた。

対して、大仏本尊のほうはといえば、じつは並行して普請がつづけられていたことが知られる。たとえば、『義演准后日記』をみてみると、慶長四年（一五九九）四月に豊国社の正遷宮がおこなわれたのち、同年五月に「大仏蓮台の上の宝塔とり壊す」とあるように、善光寺如来がおさめられていた宝塔が壊され（『義演准后日記』五月二十五日条）、それから五ヵ月たった十月には、「大仏昨日より銅を鋳《い》かくる」と、大仏が金銅仏として造立されはじめたことが読みとれるからである（同上十月十九日条）。

そのうえ、『義演准后日記』慶長五年（一六〇〇）三月十八日条によれば、「大仏に七重塔ならびに講堂・廻廊以下のナワハリ《（縄張）》」とみえ、これまでにはなかった七重塔や講堂、あるいは廻廊などの普請も予定されていたことが知られる。

大仏に関連した七重塔や講堂・廻廊といえば、奈良時代の東大寺にあった、それらが想起されるが、ここからは、残された政権関係者が大仏をかつての東大寺のような伽藍にしようとしていたことがうかがえよう。

ところで、大仏本尊の造立は、これより先、慶長五年二月にははじまっていた。たとえば、『義演准后日記』二月十日条につぎのようにみえるからである。

大仏本尊御頭、下にてつくりて取りはなし、今日少々これを上げると云々、弐間余りもこれありと云々、胴体は木にてつくり、その上を土にて塗り、その上へ銅をもって鋳かくると云々、ただし御手・御頭は銅をかけず、ただ木なりと云々、これは重きゆえなり、旧冬、大座《（台）》の蓮華一葉銅

をかくると云々、

これによれば、「弐間余り」（およそ四メートル）もある「本尊御頭」は地上でつくられ、それをもち上げて「胴体」とくっつける段取りになっていたことがわかる。また、その「本尊御頭」は「重きゆえ」「御手」とともに木でつくられ、残る「胴体」も木でつくられるものの、これには土を塗り、その上に銅を鋳かけるようになっていたことも読みとれよう。

ここからは、造立される大仏本尊が胴体以外は木でつくられ、それらをつなぎあわせて完成させる方式だったことがあきらかとなる。いっぽう、大仏の乗る「台座」をかざる「蓮華」は金銅製だったらしく、先にみた「旧冬」（前年慶長四年十月）に「銅を鋳かくる」と伝えられていたものが、この「蓮華」だったことも知られよう。

それから三ヵ月たった五月にも義演は本尊造立のようすをつぎのように伝えている。

大仏大《（台）》座南方うしろの蓮華を鋳かけ見物す、広大の躰、驚目しおわんぬ、大《（本）》尊の御胴体、土にて塗ること出来しおわんぬ、その上へ鋳かくと云々、御髪ならびに左右の御手は木なり、ところどころ仏師直しおわんぬ、

図9　大仏殿（「洛中洛外図屏風」部分　個人蔵・写真提供　名古屋市博物館）

これは『義演准后日記』慶長五年五月十二日条にみられる記事だが、三ヵ月のあいだに本尊の造立はすすみ、「大《(台)》座南方うしろの蓮華」の鋳かけがすすめられるとともに、胴体に土を塗る作業も終了、そこへ銅を鋳かける作業へと移りつつあったことが知られよう。

このように、『義演准后日記』が伝える一連の記事からは、造立されつつある本尊が全体を金銅仏としてつくるのではなく、胴体のみに銅が鋳かけられ、それに木でつくられた頭や左右の手をつなぎあわせるものだったことがうきぼりとなる。

地震で崩壊した秀吉時代の本尊は、「漆喰《しっくい》にて造立」「ことごとく黒漆、そのうえを金薄《(箔)》にて押し」（『義演准后日記』慶長七年十二月四日条）たものだったから、今回のものとは大きく異なるわけだが、ただ、ここでみられた頭や手を木でつくるというのは、『義演准后日記』が語るように、その重さで落ちないようにするためにはきわめて現実的なものだったにちがいない。

また、胴体を木でつくったのち、その上に土を塗る作業にしても、大仏殿のなかでそれをおこなうことは露天での作業より都合がよかったであろう。大仏殿のなかであれば、胴体に塗った土が風雨にさらされることもなかったと考えられるからである。

図 10　木食応其像（東京大学史料編纂所蔵・模写）

大坂極楽橋と二階門

こうしてみると、大仏殿のなかでの本尊造立というのは思ったほどむずかしい作業ではなかったようにみえる。が、そうみえるのはここまでで、むしろむずかしかったのはこの後の作業であった。実際、そのために本尊と大仏殿は大惨事にみまわれることになるわけだが、それについては後にふれることとして、同じ『義演准后日記』慶長五年五月十二日条をみてみると、「卅三間《さんじゅうさんげん》千手千体、ともに秀頼より御修復、これも上人《（木食応其）》奉行す」という記事も見いだすことができる。

ここからは、大地震で破損した「卅三間」（三十三間堂、蓮華王院）の「千手千体」（千体におよぶ千手観音像）も同時期に修復され、それも、秀吉の時代と同じように、興山上人《こうざんしょうにん》こと木食応其《もくじきおうご》（図10）が奉行していたことが知られよう。

ちなみに、この記事のあとには、「今度大仏の築地《ついじ》を卅三間の西方に築かれて、大仏と一所になるよし」とあり、「卅三間」（三十三間堂）を「築地」でとり込む計画もなされたことがわかる。大仏の拡張もおこなわれようとしていたことが読みとれるが、ここにみえる「築地」については、江戸時代前期に描かれたいくつかの洛中洛外図屏風（奈良県立美術館蔵『洛外図』（図２）など）でも確認できる。また、それだけではなく、その一部が現在、太閤塀（図11）とよばれ残されている。

図 11　太閤塀（京都市東山区・三十三間堂　重要文化財）

いっぽう、豊国社も慶長四年四月の正遷宮をもって完成ではなく、その後も普請がつづけられたことが知られる。たとえば、先ほどみた三十三間堂を「築地」でとり込む計画につづけて『義演准后日記』五月十二日条には、つぎのような記事がみられるからである。

> 豊国明神の鳥井《（居）》の西に、廿間ばかりの二階門建立す、大坂極楽橋を引かれおわんぬ、二階の垂木《たるき》少々出来しおわんぬ、中間の二階はなお自余よりも高きなり、柱以下ことごとく蒔絵なり、下の重ね円柱ことごとく黒漆なり、組物彩色なり、結構目耳を驚かす、

これによれば、豊国社の「鳥井《（居）》の西」に「廿間ばかりの二階門建立」されたという。この「廿間ばかり」がもしあやまりでなければ、おどろくべきほどに巨大な「二階門」が建立されたことになる。しかもそれは、「大坂極楽橋」を移転させて再造されたものであったという。

ここに登場する「大坂極楽橋」とは、大坂城に架けられていた橋を意味し、慶長元年（文禄五年、一五九六年）ころに架けられたらしい。そのことを伝えるイエズス会宣教師による『一五九六年日本年報補遺』によれば、橋のすがたは、「鍍金した屋根を設け、橋の中央に平屋造りの二基の小櫓を突出させた」ものであり、また、「（橋の）倚りかかれるような両側の上方に連ねられた欄干《らんかん》は、はめ込みの黄

金で輝き、舗道もまた非常に高価な諸々の装飾で鮮明であ」ったという。

ここにみえる「小櫓」は、「極楽橋の矢倉《やぐら》」（『鹿苑日録《ろくおんにちろく》』慶長四年九月十四日条）ともよばれており、当該の橋が「極楽橋」とよばれていたこともあきらかとなる。もっとも、その「極楽橋」がなぜ豊国社の「鳥井（居）の西」に移され、門につくりかえられたのか、その理由を説明してくれる史料は残されていない。

ただ、「廿間ばかり」の「中間の二階」は、ほかより「高」く、二階部分の「柱以下ことごとく蒔絵」がほどこされ、「下の重ね丸柱ことごとく黒漆」「組物彩色」であったというから、義演が「目耳を驚か」すのも無理はなかったであろう。

木食応其の隠遁

このように、慶長五年五月までは、大仏本尊の造立や大仏の拡張、あるいは豊国社の普請も継続しておこなわれていたことが確認できる。ところが、翌六月以降、そのようすをうかがう史料が見いだせなくなる。

おりしも、会津への家康発向がはじまっており、それ以後につづく戦乱の影響をうけたと考えざるをえないが、じつは、そのような影響のなかでも、もっとも大きかったと考えられるのが木食応其（興山上人）の隠遁であった。

木食応其[1]は、「大仏本願」（『言経卿記』天正十九年三月二十九日条）ともよばれ、秀吉の時代から、多数の職人を動員して大仏造立や大仏鎮守の普請をになってきた中心人物である。その木食応其が隠遁することになった事情について、『義演准后日記』慶長七年（一六〇二）十二月四日条は、つぎのように伝えている。

> 最初興山上人《（木食応其）》奉行せしめて、大座《（台）》の蓮華、御膝のあたりまで鋳おわんぬところに、天下大乱につき、上人隠遁す、

これによれば、大仏本尊の「大座《（台）》の蓮華」や「御膝のあたり」を鋳かけたところまでは木食応其が奉行として造立をすすめていたことが知られる。ところが、「天下大乱」により「隠遁」することになったという。

ここでいう「天下大乱」とは、慶長七年という時期から考えて関ヶ原合戦をのぞいては考えられないが、ただ、これだけではどのようなかかわりがあって木食応其が「隠遁」することになったのかと

いう点についてはさだかでない。この点、編纂物ながら『当代記』慶長六年（一六〇一）条には、「去年木食（応其）は石田治部（三成）一味せしめ、方々敵城をこしらえられし罪により牢籠せらるなり」と、木食応其が石田三成に味方し、「敵城をこしらえ」たことに「罪」ありとして「牢籠」（牢屋に押しこめること）させられたと記されている。

木食応其が実際に「敵城をこしらえ」たのかどうかについてはさだかでないが、木食応其自身が（慶長五年）十月六日付けの覚書（『応其寺文書』）で語ったところによれば、「大仏を鋳申す所用に役に立たざる唐金《からかね》・大鉄砲・石火矢ども、ことごとく奉行衆より数多《あまた》請け取」り、また、「奉行衆より釘などことごとく大仏の所用につかまつるべきよし申し来た」ったため落城した「伏見の城の釘など拾」ったというから、それらが問題視された可能性は高いであろう。

その結果として、『義演准后日記』慶長六年四月二日条に「上人は江州あたり、去年一乱以後隠遁」とみえるように、慶長五年のうちに「江州（近江国）あたり」に木食応其は隠遁することになったと考えられる。また、『義演准后日記』五月七日条には、「大仏遍照院《へんじょういん》以下、興山上人奉行どもことごとく去」るとみえ、「大仏遍照院」ら「興山上人奉行」とよばれた人びともことごとく去ったことがあきらかとなろう。

木食応其だけではなく、「興山上人奉行」たちもすがたを消すことになったわけだが、その後釜について『義演准后日記』慶長七年十二月四日条は、「文殊院《もんじゅいん》申し請い奉行し、鋳たてまつりおわんぬ」と、「文殊院（勢誉）」という名を記している。

ここに登場する「文殊院」とは、『義演准后日記』慶長六年四月二日条に「興山上人内衆」とみえ、また、「内府公（徳川家康）御目をかけられ」ていた人物だったことがあきらかとなる。また、『当代記』にも、「文殊院は木食弟子」「これ内府（徳川家康）気相《きあい》か」と記されているから、家康との関係から後釜におさまることになったと考えられよう。[2]

このようにしてみるとわかるように、大仏本尊の造立もまた、関ヶ原合戦を経てその主導権は家康のもとに移ったことが知られる。もっとも、『義演准后日記』慶長七年十二月四日条に「ことごとく秀頼卿料物《りょうもつ》出だされおわんぬ、ただし、家康御下知なり」と記されているように、本尊造立をめぐっては、「料物」（費用）を秀頼が出し、「御下知」については家康が出すといったかたちができあがっていたこともあきらかとなろう。

武士衆惣礼

話が慶長六年にまでおよんだついでに、この年が京都と家康との関係において重要であったという点についてもみておくことにしよう。

第一章でもふれたように、慶長五年九月二十七日に大坂城へ入って以降、家康はその年の暮れまで大坂に滞在し、そして、慶長六年の正月も大坂城でむかえる。[3] したがって、その間、家康は伏見を含めて京都に立ち入ることがなかったわけだが、その正月十五日に「一万石より上の地《(知)》行取りの武士衆、太刀折紙にて御礼これあり」(『言緒卿記』同日条)とあるように、大坂城において一万石以上の知行をもつ「武士衆」の「礼」(あいさつ)をうけたことが確認できる。

このときの「礼」は、「武士衆惣礼」(『言緒卿記』正月十三日条)ともよばれているように、「武士衆」が家康とのあいだで主従関係をむすぶ儀礼として注目されていたことが知られる。いっぽう、「元日秀頼へ御礼」(『義演准后日記』正月五日条)とあり、秀頼も「諸大名」からの「礼」はうけている。しかしながら、人びとの注目度合いには大きな差がうまれていたと考えられよう。

同じ正月二十九日には、「公家・門跡ことごとく御礼」をしているが、そのさい「大坂中納言殿」秀頼が先で、その後、「内府」だったこともわかる(『言緒卿記』同日条)。ただし、家康は「御煩い」のため「御対面なく」、「御名代として江戸中納言殿」秀忠が「御対面」した(同上)。

ちなみに、近衛信尹の日記『三藐院記』正月二十九日条によれば、信尹ら公家衆・門跡衆が秀頼に「御礼」したさいも「秀頼の御左座に中納言秀忠卿御後見」していたという。この点については、『義演准后日記』同日条にも「中納言家康息出仕申されおわんぬ」とみえるから、秀頼の側に秀忠が座していたのは事実なのであろう。病でなければ、本来は家康がその場にいたのかもしれない。

また、注目されるのはそれだけではなく、このとき秀頼と秀忠へ「御礼」に参った公家衆のなかに「九条関白(兼孝)」のすがたもあった点であろう。これは、前年の十二月十九日に関白職が「内府家康公申し沙汰」により「武家より摂家へ返され」たことによる（『舜旧記』十二月二十一日条）。

かつて秀吉はみずからの家の相続には、関白職と京都屋敷としての聚楽第（あるいは上京御屋敷）の譲与が必要と考えていた(4)。ところが、この時期、上京御屋敷には北政所がおり、秀頼がそれを継承するにはいたっていない。そしてまた今回、関白職の任官からも遠ざかることとなり、あるべき家の相続もしだいにむずかしくなりつつあったといえよう。

それからおよそ二ヵ月経った三月二十三日に家康は大坂城から「伏見城へ移徙」（『義演准后日記』同日条）する。五月十二日付け松前守広《まつまえもりひろ》の書状写（『近藤家文書』(5)）には、「天下の儀いかにも静かにござそうろう、内府(徳川家康)様三月二十三日に伏見へ御移りなされそうろう」とみえ、大坂城における一連の戦後処理が一段落ついたため伏見城へ移ったと記されている。

また、つづけて「秀頼様へ大坂御城御渡しなされそうろう」ともみえ、大坂城は家康の意向によって秀頼に渡され(6)、さらには、「片桐市正《いちのかみ》(且元)・小堀播磨(出)(秀政)両人御付けなされそうろう」と、片桐且元《かたぎりかつもと》と小《こ》出秀政《いでひでまさ》が付けられたことも知られる。

片桐・小出両人は、ともに「内府《(徳川家康)》方」(『厚狭《あさ》毛利家文書』)とされる人物であり[7]、このうち且元には慶長六年正月二十八日に家康方から「弐万四千四百七石四斗」の「御知行の書立」(『譜牒余録《ふちょうよろく》』)があたえられたことが確認できる。「関東と京都の御弓箭」が、「関東」の勝利でおわったことが随所に影響をもたらしていたようすがうかがえよう。

伏見城と内府屋形

ところで、落城した伏見城は、おそくとも慶長六年正月には、「内府《(徳川家康)》より作事下知」によって「本丸に殿七、八ほど立」つほどに再建がすすんでいた(『義演准后日記』正月十八日条)。家康が移徙したころのようすについてはさだかでないが、五月ころには「伏見御普請半ば」で「前の石垣より二丈高く築かせなされそうろう」(『近藤家文書』)と、秀吉時代の石垣より「二丈」(およそ六メートル)も高く築かせていたという。家康が本腰を入れて伏見城再建をすすめていたことが知られよう。

それにしてもなぜ家康は大坂城を秀頼に渡し、わざわざ落城した伏見城に移徙したのであろうか。そのことを説明してくれる史料は残されていないが、秀吉の遺言[8]にみえる「伏見には内府《(徳川家康)》御座」(『浅野家文書』）や「内府（徳川家康）三年御在京」（『早稲田大学所蔵荻野研究室収集文書』）といったことを律儀に守ろうとしていたとも考えられる。

ただ、そのこと以上に重視されたのは、やはり京都との距離感であり、また関係だったのではないだろうか。実質的に天下人の地位におさまったものとして、信長以来、天下の中心に位置する京都との関係をいかにむすんでいくのかという問題は、喫緊の課題であったと考えられるからである。

そのことを裏づけるように、家康が伏見城から上洛した事実と、「京都に内府（徳川家康）屋形立つ」という話題を『義演准后日記』は五月八日条と九日条に記している。家康が上洛したのは実際には九日だったが、そのさい、「大仏通りまで照高院殿（道澄）・妙法院殿（常胤）、そのほか堂上衆ことごとく迎えに出」（『言経卿記』五月九日条）たという。

また、その二日後の十一日に家康は参内《さんだい》、天皇と「常御所《つねのごしょ》にて御対面」し、ともに「議定所へ出御《しゅつぎょ》」して、「森侍従（忠政）・井居侍従（井伊直政）・山形侍従（最上義光）・織田侍従（長益）ら」「武士衆」へも「天盃頂戴」したと『言経卿記』同日条は記している。

家康が天皇をはじめとした公家社会とのあいだに良好な関係をむすんだことが確認できるが、その二日後の十三日に家康は「京都屋敷三条柳の水あたり三町四方」を「御覧」になったという（『言経卿記』同日条）。

「京都屋敷」＝「内府屋形」がおかれる「三条柳の水」とは、近世初頭に作成された『洛中絵図』（京都大学付属図書館蔵）にみえる、三条通と西洞院通が交差する東南に描かれた「柳水」を意味する。したがって、屋敷の敷地は、額面どおりであるなら、西は西洞院通、東は烏丸通、北は三条通、南は錦小路通におよぶことになろう。

当該地は、下京とよばれた市街地の真ん中をしめており、屋敷の普請のために「町屋四、五千間（軒）も退く」（『義演准后日記』五月九日条）とみられても不思議ではなかった。下京の町人たちからすれば、迷惑以外のなにものでもなかったと考えられるが、伏見城に加えて「内府屋形」がなぜつくられることになったのかといえば、先の松前守広の書状写（『近藤家文書』）に「屋形出来次第に行幸《ぎょうこう》なされ、御位日本将軍に御なりなさるべきよしにそうろう」とあるように、天皇が行幸し、家康が「日本将軍」になるためであったという。

ここにみえる「日本将軍」が具体的に何を意味するのかについてはさだかでないものの、かつて秀吉がおこなったのと同じように、天皇の行幸をとおして天下人としての権威を示そうと考えていた可能性は高いであろう。

なお、「内府屋形」がどのような理由で「三条柳の水」につくられようとしたのかという点を説明してくれる史料も見いだせていない。ただ、同地の西隣には、信長がたおれた本能寺がかつて所在し、また、「三町四方」の敷地のなかには変の直前まで家康が「投宿」していた、「修道院」（南蛮寺）の「近傍のいくつかの家々」（『フロイス日本史』）も含まれるという点は無縁ではないのかもしれない。

結局のところ、「内府屋形」は「三条柳の水」にはつくられず、おそくとも慶長七年（一六〇二）八月以降に「二条の内府屋敷」（『時慶記』八月五日条）として普請がおこなわれる。いわゆる二条城である。

同じように、天皇の行幸もまた、家康の時代には実施されなかったが、伏見城へ帰る前日、家康は「禁中・女院《にょいん》ことごとく知行」（『言経卿記』五月十六日条）、「御所御所、女中、男たち知行の沙汰あり」（原文ひらがな）（『御湯殿上日記』十五日条）と、天皇以下公家衆の知行宛行《あてがい》をおこなったことが知られる。[9] ここからは、公家社会を経済的にささえる天下人としてのすがたも見いだすことができるであろう。

豊国極楽門

あけて慶長七年（一六〇二）六月、『舜旧記』には、つぎのような興味深い記事が書きとめられている。

今日より豊国極楽門、内府《(徳川家康)》より竹生島《ちくぶしま》へ寄進により、壊し始む、新神門、大坂より仰せられおわんぬ、

右は六月十一日条にみえる記事だが、ここからは、家康の指示によって「豊国極楽門」が琵琶湖にうかぶ「竹生島」へ「寄進」されるため壊されはじめたことが知られる。また、それにかわって「新神門」の建立が「大坂」から仰せられたことも読みとれよう。

同じようなことは、『時慶記』六月十八日条にも「楼門は壊され、竹生島へ引かるという沙汰あり」とみえ、事実だったことがあきらかとなるが、それにしてもなぜ家康は「豊国極楽門」を竹生島へ寄進することを決めたのか、その理由まではわからない。

ただ、問題の「豊国極楽門」が、慶長五年五月に義演が「目耳を驚か」(『義演准后日記』五月十二日条)した「二階門」であり、また、「豊国極楽門」という名も「大坂極楽橋」に由来するものだったことはあらためてあきらかとなろう。

ちなみに、現在、竹生島には、寄進された「豊国極楽門」をもとに建立された宝厳寺《ほうごんじ》唐門(図12)が残されている。この門は、豊国社にあった建造物としては唯一の遺構であると同時に、『義演准后日記』の記述がただしければ、秀吉が築城した大坂城にとっても唯一の遺構となろう。

図12　宝厳寺唐門（滋賀県長浜市　国宝）

なお、豊国社に対しては、すでに慶長六年七月二十五日に家康から「豊国大明神社領城州の内、壱万石」が宛《あて》行《が》われており（『豊国社祠官萩原文書』）、家康の意向がより優先されるようになっていた。「豊国極楽門」の寄進もそれと無縁ではないと考えられるが、その跡地には「新神門」を建立しなければならず、その費用は秀頼が出すこととなった。

大仏炎上

先にふれたように、関ヶ原合戦後、木食応其が隠遁、「興山上人奉行」たちも大仏から去り、その後釜には文殊院（勢誉）がつくことになる。もっとも、その文殊院のもとで本尊の造立がどのようにすすめられたのかという点については、手がかりとなる史料にとぼしい。ただ、おそくとも慶長七年には、造立が再開されていたと考えられるが、皮肉なことにそれは本尊と大仏（大仏殿）が大惨事にみまわれた結果、あきらかとなる。

> 辰の剋、大仏殿炎上す、本尊鋳かけ、よって本尊の身内より焼き出だすと云々、後光へ火つきて、それより堂内へ則時に火炎めぐりて、午の剋に灰燼《かいじん》になりおわんぬ、

年もおしつまった慶長七年十二月四日の「辰の剋」（午前八時ころ）、本尊の鋳かけ作業の最中に「本尊の身内」より火があがり、その火が「後光」（光背）につくやいなや、またたくまに「堂内」にまわってしまった。そのため造立中の本尊だけではなく、大仏殿までもが「午の剋」（正午ごろ）に灰となってしまったという。

これは、『義演准后日記』十二月四日条にみえる記事だが、大仏殿に火がつきはじめた時刻については、『鹿苑日録』や『舜旧記』の同日条にも「辰の刻」とみえ、また焼け落ちた時刻についても、『言経卿記』同日条に「午の刻」とあるから、大仏殿はおよそ五、六時間にわたって燃えつづけたのちにくずれ去ったことがあきらかとなろう。

このことを耳にした義演は、「日本六十余州の山木、ただ三時のあいだにあい果ておわんぬ、太閤（豊臣秀吉）数年の御労功ほどなく滅しおわんぬ」と、日本全国の山木を集めて造立された大仏殿もわずか五、六時間のあいだに消滅してしまい、これで数年にわたる秀吉の「御労苦」も無となった、と『義演准后日記』十二月四日条に記している。

また、西笑承兌《さいしょうじょうたい》も「およそ当年にいたるまで十年余、金銀を費やし、諸国の人力を悩まし、これを経営すといえども、一炬《いっきょ》に焦土となるは、歎感に堪えず」と、これまで十数年にわたって金銀をつぎ込み、諸国の人びとを悩まし造営をつづけてきた大仏殿がいっぺんに焼け落ち、灰となってしまったことはかなしいかぎりだ、と『鹿苑日録』十二月四日条に記している。

大仏炎上の要因

今回の悲報に接した義演と西笑承兌がともに本尊よりも大仏殿に対する思い入れを日記に書きとめていることからも読みとれるように、秀吉が造立した大仏は、本尊より大仏殿という建物のほうに人びとの目も注がれていた。この点が大きな特徴ともいえるが、それにしてもなぜ、大仏はこのような大惨事にみまわれることになったのであろうか。

この点についてくわしい事情を伝えてくれているのが、『鹿苑日録』十二月五日条にみえる、つぎのような記事である。

> 仏の左の膝に足代《あししろ》の穴あり、その穴を鋳かくるのとき、金湯あまりを懐中に入れ、身内全身火となり焼け上がり、仏の背に二尺の風穴あり、それより火出でて、光（後光）につきて、後光《ごこう》の仏みな焼却して堂裏に落つ、そのとき堂裏四方に煙籠め前後を失す、満地に火を放ち縦横となる、

本尊の左膝には「足代」（足場）をささえる穴があけられていたらしい。その穴を埋めようとしたのであろうか、銅を鋳かけたとき、あやまって「金湯あまり」（溶けた銅のあまり）が本尊の「懐中」に入ってしまった。

それによって火がおこり、その火は本尊の「全身」にまわったのち、背中にあけられていた「一尺」（約六十センチ）の「風穴」から「後光」（後光）へとまわり、「後光の仏みな」「堂裏」に焼け落ちてしまった。その結果、堂内に煙が籠もり、人びとが混乱しているなか「満地」（地上一面）にも火があがり、四方八方に広がって全焼にいたったという。

大仏殿のなかでの鋳かけという作業がやはりむずかったことが知られるが、それにしてもなぜ西笑承兌はこのようなくわしい事情を知ることができたのだろうか。その答えは、この日、西笑承兌が火事見舞におとずれた先が文殊院であったという点につきるであろう。つまり、右の話は、その文殊院から直接聞いたものであったため詳細に知りえたのであった。

「内府《（徳川家康）》公御目をかけられ」、「内府気相」というだけでは、本尊の造立という難事に対応することがいかにむずかしかったのかが知られるが、このように大仏殿と大仏を失ってしまったことは、家康にとっても痛恨事だったにちがいない。秀吉没後にすすめてきた施策の一端が無に帰してしまったからである。

いずれにしてもこのようにして、秀吉によって造立された大仏（大仏殿）は、天正十四年（一五八六）の計画段階からかぞえてもわずか十六年で地上からすがたを消すことになった。そして、失われた大仏をもとめて、その再建の槌音が聞こえ出すまでには、これからおよそ七年の歳月が必要となる。

2 豊国臨時祭

伏見幕府

先にみたように、慶長六年（一六〇一）五月十二日付けの松前守広の書状写（『近藤家文書』）には、「屋形出来次第に行幸なされ、御位日本将軍に御なりなさなるべきよしにそうろう」と、「内府屋形」が完成すれば、天皇が行幸し、家康が「日本将軍」になるという話が記されていた。この「日本将軍」（「ひのもとしょうぐん」と読むのだろうか）なるものの実態は不明ながら、それからおよそ二年経った慶長八年（一六〇三）二月十二日に家康は征夷大将軍に任官される。

もっとも、『義演准后日記』慶長七年（一六〇二）十二月晦日条には、「秀頼卿関白宣下のこと、仰せ出だされると云々、弥重弥重、江戸大納言（徳川秀忠）は将軍宣下と云々」とあり、将軍宣下されるのは、家康ではなく、「江戸大納言」秀忠とのうわさがながれていた。

ところが、それから十日ほど経った慶長八年正月十日には、「内府（徳川家康）様将軍にならせられ」（『萩藩閥閲《ばつえつ》録《ろく》』）と、将軍になるのは秀忠ではなく家康であるとの情報が伝わっている。実際は、こちらの情報がただし、同じ正月二十一日に広橋兼勝《ひろはしかねかつ》が勅使として伏見をおとずれ、「征夷将軍」に任ずるとの天皇の「内々の仰せ」を家康に伝えて、家康も「領掌《りょうしょう》」したことが確認できる（『慶長日件録』同日条）。

いっぽう、秀頼の関白宣下については、結局のところ、うわさ以上のものではなかったが、そのあたりの事情についてはさだかではない。先にもふれたように、九条兼孝《くじょうかねたか》が慶長五年（一六〇〇）十二月十九日に関白に任官してからすでに三年ほどが経っていたことも関係するのかもしれない。

いずれにしても、秀頼への関白宣下はなく、家康の将軍宣下が二月十二日におこなわれることになった。このとき勅使となった勧修寺光豊《みつとよ》が日記『光豊公記』を残しており、宣下の次第もくわしくわかる。それによれば、勅使の光豊をはじめ上卿《しょうけい》の広橋兼勝・奉行の烏丸光広《からすまるみつひろ》・弁の坊城俊昌《ぼうじょうとしまさ》らが伏見へ持参したのは、「将軍の宣旨《せんじ》」「氏長者《うじのちょうじゃ》宣旨」「牛車《ぎっしゃ》宣旨」「兵仗《へいじょう》宣下（旨）」「淳和《じゅんな》奨学《しょうがく》両院《りょういん》宣旨」「任大臣宣旨」であったという（『光豊公記』同日条）。

それらの宣旨はいずれも箱（覧箱《らんばこ》）におさめられており、官務《かんむ》や外記《げき》といった地下官人らが取次を介して家康へ献上、家康がそれらを披見するごとに箱の蓋には禄物《ろくもつ》（給与）としての砂金が入れられ、さずけられたことがわかる（『光豊公記』二月十二日条）。

もちろん、上卿にも金子十枚と鞍置馬（鞍を置いた馬）、奉行や弁にも金子五枚、そして勅使にも金子五枚と鞍置馬がさずけられたが、「勅使五枚の儀不審」と光豊自身は奉行や弁と同じ禄物に不満をもったようである（『光豊公記』二月十二日条）。そのほか、関係する官人らにも銀子三枚ずつがくだされたことが確認でき（『光豊公記』同日条）、家康の将軍宣下にともない公家たちには多額の臨時収入がもたらされたことが知られよう。

ちなみに、このとき家康は将軍に任官されただけではなく、内大臣から右大臣へ昇進することになった。これにより、かつて右大臣の官にあった信長ともならぶことになったが、将軍と右大臣を兼任するという意味では、鎌倉幕府三代将軍源実朝ともならんだことになろう。

その鎌倉幕府の史書『吾妻鏡《あづまかがみ》』文応元年（一二六〇）四月二十六日条には、「将軍御居所は幕府と称す」との記事がみられ、これになぞらえるなら、家康の居所はこのとき伏見城であったから、「伏見幕府[10]」が立ち上がったとみることもできる。また、家康を初代に歴代の徳川将軍が政権をになった時代を江戸時代とよぶのなら、江戸時代も伏見からはじまったといえるのかもしれない。

拝賀の参内と牛車

『義演准后日記』三月二十一日条によれば、伏見城より「今日将軍家康上洛」とみえ、その目的が「来る二十五日将軍宣下御礼の参内」のためであったことがあきらかとなる。いわゆる拝賀（任官のよろこびと謝意をあらわすための拝礼）の参内である。

　このとき家康が伏見城から入った宿所は、「二条掘河」（『言経卿記』三月二十一日条）の「二条城」（『慶長日件録』同日条）であったが、これは、先にみた「内府屋形」が「三条柳の水」ではなく、二条掘川に普請されたことによる。しかも、このときすでに二条城とよばれていたことも知られ、その普請は、『時慶記』慶長七年八月五日条に「二条の内府屋敷石普請」とみえることから、おそくとも前年八月にははじめられていたと考えられよう。

　もっとも、『時慶記』三月二十一日条に「右府《（徳川家康）》はじめて城へ移らる」、また、『舜旧記』同日条にも「内府家康、京新城はじめて御上洛」とあるように、二条城に家康が入ったのは、このときがはじめてであった。

　そこから家康は、予定どおり三月二十五日に参内するが、そのさい、「内裏《だいり》様へ銀子千枚、女院へ三百枚、そのほか弐百枚」（『義演准后日記』同日条）と、内裏（天皇）や女院のほか、近侍する女官たちにも「進物」として多額の銀子を献上したことが知られる。将軍任官が、家康にとって重要な意味をもったことはいうまでもないが、同時に、公家社会にとっても経済的な恩恵をもたらすできごとであったといえよう。

　なお、このとき家康は車（牛車）で二条城から内裏へ参内した。その行列は、『慶長日件録』三月二十五日条によれば、「童僕善阿弥」を先頭に「騎馬諸大夫」「若輩の衆二十人歩行」「随身八人騎馬」がつづき、このあとに家康が乗る「御車」、そして「騎馬諸大夫十人」「扈従《こしょう》衆五人」がつづいたという。

また、最後の「扈従衆五人」は「長柄輿《ながえごし》」に乗り「衣冠」であったが、その五人とは、「越前宰相《（結城秀康）》」「豊前宰相《（細川忠興）》」「播磨少将《（池田輝政）》」「京極少将《（高次）》」「安芸侍従《（福島正則）》」といった諸大名たちであり、家康も「里亭《りてい》より御衣冠」という出で立ちであった。普段の装いをあらため、公家風の衣冠をまとった家康ら武家衆のすがたがみられたわけである。

先に「牛車宣旨」（内裏に参内するさいに牛車に乗車したまま宮門を通過することを許可する勅許）をうけた家康がつかった牛車について、『光豊公記』二月十日条には「内府《（徳川家康）》車を松田勝右衛門《（政行）》に仰せ付けらる」とみえる。

かつて玄以（前田玄以）につかえていた松田政行が牛車を用意することになったようだが、政行がそれについて山科言経に相談したことも『言経卿記』二月二十五日条にみえる。そして、そのなかで言経が、「檳榔《びんろう》車」（檳榔毛車《びろうげのくるま》）に関する「注進」（報告）をおこなったことも読みとれる。

檳榔毛車とは、最高級の唐車《からぐるま》につぐ牛車であり、「四位以上の位を持つ大臣や大納言、中納言といった公卿たち」[11]が乗るものとされている。家康が実際に檳榔毛車に乗ったのかどうかまでを示す史料は残されていないが、天下人がつかった牛車については、『義演准后日記』文禄五年（一五九六）正月十一日条に、信長は「南都大乗院の車をもととしてつく」ったものの、乗ることがなく、秀吉は「大乗院の車を借り」てつくり、「聚楽亭行幸のとき」に「はじめて乗車」したと記されている。

もっとも、文禄五年ごろ、牛車は「太閤《（豊臣秀吉）》御一人のほかは乗るべきことも当時諸人知らず」、「親王といい、一人《イチノヒト》（五摂家の長）といい、乗車ある貴種これなし」と義演は同日条に記しているから、家康が牛車をつくらせたのは秀吉以来のことであったのかもしれない。

豊国祭と臨時祭

さて、慶長四年四月の正遷宮によって成立した豊国社において重要な行事と位置づけられていたのが、四月十八日と八月十八日におこなわれる「とよくに《（豊国）》のまつり《（祭）》」（『御湯殿上日記』慶長六年四月十八日条ほか）＝豊国祭であった。

表5は、おもに『舜旧記』から読みとれる豊国祭の情報をまとめたものだが、ここからは、いずれにおいても共通する十八日の勅使による奉幣と秀頼名代の奉幣、そして十九日の四座《よざ》（のうち二座）による猿楽能が祭の基軸であったことがみてとれる。また、表5からは、例年の豊国祭のほか、七回忌・

慶長13年	4月18日		大炊御門経頼	大野治長		
	4月19日					観世・宝生
	8月18日		花山院定熙	大野治長		
	8月19日					金春・金剛
慶長14年	4月18日		烏丸光宣	大野匠作		
	4月19日					四座ともに駿河に召し置かる
	8月18日		正親町季秀	浅野長晟		
	8月19日					金春・金剛
慶長15年	4月18日		中山慶親	片桐貞隆		
	4月19日					観世大夫駿河滞留により延引
	8月18日		広橋兼勝	片桐且元		
	8月19日	臨時祭				金春・金剛
慶長16年	4月18日					
	4月19日					
	8月18日					
	8月19日					
慶長17年	4月18日		三条西実条	片桐貞隆		
	4月19日					
	8月18日		広橋兼勝	赤座直規		
	8月19日					金剛一人
慶長18年	4月18日		飛鳥井雅庸	片桐且元		
	4月19日					
	8月18日		西園寺実益	石川康勝		
	8月19日					金春・金剛
慶長19年	4月18日			大野治長		
	4月19日					
	8月18日		大炊御門経頼	片桐貞隆		
	8月19日	臨時祭延引				今春・金剛
慶長20年	4月18日		正親町三条実有			
	4月19日					
	8月18日				片桐貞隆	
	8月19日					

(注) 慶長13年8月については『兼見卿記』、慶長14年については『時慶記』『兼見卿記』による。慶長16年については未詳。

表5　豊国祭一覧

		臨時祭	勅使	大坂名代	武家社参	申楽（猿楽）
慶長4年	8月18日		勧修寺晴豊	京極高次	徳川家康	
	8月19日					金春・金剛
慶長5年	4月18日		日野輝資	京極高次	徳川家康	
	4月19日					観世・宝生
	8月18日		烏丸光宣			
	8月19日					今春・金剛
慶長6年	4月18日		広橋兼勝	片桐且元		
	4月19日					観世・宝生
	8月18日		万里小路充房	小出秀政		
	8月19日					金春・金剛
慶長7年	4月18日		花山院家雅	片桐貞隆		
	4月19日					観世・宝生
	8月18日		正親町季秀	小出秀政		
	8月19日					金春・金剛
慶長8年	4月18日		大炊御門経頼	片桐貞隆		
	4月19日					観世・宝生
	8月18日		中山慶親	片桐且元		
	8月19日					金春・金剛
慶長9年	4月18日		葉室頼宣	片桐貞隆	諸大名	
	4月19日					観世・宝生
	8月14日~15日	臨時祭				
	8月18日		中御門資胤	片桐貞隆	諸大名	
	8月19日					四座申楽能延引
慶長10年	4月18日		東坊城盛長	片桐且元	諸大名	
	4月19日					観世・宝生
	8月18日		勧修寺光豊	片桐且元	加藤清正	
	8月19日					金春・金剛
慶長11年	4月18日		転法輪三条公広	片桐且元		
	4月19日					観世・宝生
	8月18日		高倉永孝	片桐貞隆	加藤清正	
	8月19日					今春・金剛
慶長12年	4月18日		三条西実条	大野治長		
	4月19日					観世・宝生
	8月18日		西園寺実益	片桐貞隆		
	8月19日					金春・金剛

図 13　非人施行（狩野内膳筆「豊国祭礼図屏風」部分　重要文化財　豊国神社蔵）

十三回忌・十七回忌にあたる年には、臨時祭もおこなわれたことが読みとれるが、その最初にあたったのが慶長九年の臨時祭[12]であった。

『舜旧記』によれば、慶長九年の臨時祭にかかわる動きは、梵舜が伏見城で家康より「臨時祭」について「御尋」をうけた五月二日にはじまる。また、これをうけ梵舜が「豊国臨時の祭次第」を申し上げたのは、同月十九日であったことも読みとれるが（『舜旧記』同日条）、ここからは、慶長九年の臨時祭が本格的に動き出したのが五月なかばであり、その実施に許可をあたえる権限も家康がもっていたことが知られよう。

『舜旧記』をみてみると、翌六月四日条にも「御尋」の記事があり、また、十一日条には片桐且元と「談合」、そして、十二日条では且元と同道して家康のもとへまいり、その場で吉田兼見が次第の「書《かき》立《たて》」を「御目にか」けたことなどが読みとれる。

ちなみに、五月十九日に梵舜が申し上げた次第は、「一番　騎馬三十疋、狩衣」「二番　田楽十人」「三番　上下京の町人に作り花笠鉾にてまかり出でそうろうこと」「四番　申楽《さるがく》に新能一番づつ仰せ付けらるべし」というものであったが、今回の「書立」には、「一番　騎馬二百騎　風折狩衣」「二番　田楽」「三番　上下京衆千人に作り花笠鉾にて作法」「四番　申楽新儀能」に、家康の「御諚」として「非人どもに施行《せぎょう》つかわさる」が加わったことが知られる（『舜旧記』六月十二日条）。騎馬の数が三十から二百に増え、また、町人の数も千人とさだめられたうえ、あらたに非人施行も加えられたことが読みとれよう。

例年の豊国祭とくらべると、猿楽をのぞいてかなり異なる構成になったことがうかがえるが、これでおおよそかたちがさだまったらしく、七月十一日には、上洛した片桐且元へ「臨時祭のこと、申し渡し」、八月四日に最終的な「臨時当日」（式日）が家康から「当月十三日と仰せ出だされ」、梵舜が且元と京都所司代板倉勝重《いたくらかつしげ》とともに「三人奥の間に召され、数刻御尋」をうけたことが、『舜旧記』各日条から知られる。

騎馬二百騎・田楽・猿楽

式日当日の八月十三日は、「しきり降雨」、「終日大雨」であったため予定はすべて延引となり（『義演准后日記』同日条）、翌十四日に一日おくれで「臨時の祭」はおこなわれることになったが、その日「一番」に「御幣《ごへい》」「御榊《おんさかき》」が「供衆百人」とともに立てられたと『舜旧記』同日条には記されている。

もっとも、この「御幣」「御榊」に関する情報は、『舜旧記』以外にみられないから、外部の人びとが見物できるものではなかったのであろう。いっぽう、事前の次第では一番とされた「騎馬二百騎」

については、多数の記録が残されており、その構成は、『舜旧記』によれば、「豊国の神官」六十二人、「吉田神人」三十八人、「上賀茂神官」八十五人、「楽人」十五人の「都合二百騎」であったという。また、「馬は諸大名役としてこれを出だす」と『義演准后日記』八月十四日条にはみえ、「諸大名」が「役《やく》」として負担したことが知られる。その「役」を賦課したのも、もちろん家康であろう。
「騎馬二百騎」は、『舜旧記』八月十四日条から「建仁寺門前より二行立ち」で「豊国大鳥居より清閑寺の大路を西に出で、照高院殿前にて乗り下」りたことが知られる。ちなみに、この「騎馬二百騎」を義演は「大仏廻廊未申《ひつじさる》角、石カケ《（垣）》の上に桟敷を構え」て、「巳の半剋」（午前十一時ころ）から見物したという（『義演准后日記』八月十四日条）。

　したがって、「騎馬二百騎」は、建仁寺西門前のいわゆる大和大路を南下し、大仏殿石垣の前も南下した後、大仏と三十三間堂が築地でつながれたさいに建造された「大仏三十三間堂西の御門」[13]（現在、東寺南大門として現存）を入って東行、「豊国大鳥居」前までたどりついたあと、北上するという、コの字を逆流するかたちですすんだと考えられる（図14）。

　それを見物するため「桟敷にて寸地も、およそ五条・三条の橋あたりより明神までのあいだ、空き地なし、見物の貴賤群集もってのほかなり」と『義演准后日記』八月十四日条は伝えているが、「騎馬二百騎」については、身分の上下を問わず多くの人びとが見物できるようになっていたことが知られ

図 14　騎馬（狩野内膳筆「豊国祭礼図屏風」部分　重要文化財　豊国神社蔵）

図 15　風流踊（狩野内膳筆「豊国祭礼図屏風」部分　重要文化財　豊国神社蔵）

よう。

「騎馬二百騎」につぐ二番の「田楽」三十人と四番の「申楽四座　新儀能」については、「豊国大門」にて「執行」されたと『舜旧記』八月十四日条には記されている。ここにみえる「豊国大門」とは、おそらく「豊国極楽門」が竹生島に移されたのちに建立された「新神門」を指し、したがって、田楽と猿楽は、その前にひろがる空間が会場であったと考えられよう。

ちなみに、『舜旧記』同日条には、「大坂より八百貫くださるなり、一座に百貫づつくださるなり」とみえ、田楽・猿楽には「一座」につき秀頼より銭百貫文がくだされたことが知られる。先にみた大仏本尊の造立をめぐっては、「料物」（費用）を秀頼が出し、家康が「御下知」出すといったかたちがみられたが、臨時祭においてもまた、同じようになっていたことがうかがえよう。

上下京の風流踊

さて、事前の次第では十四日におこなわれる予定であった三番と五番については、理由がさだかでないものの、翌十五日におこなわれることになった。そのうち、「三番　上下京衆千人に作り花笠鉾にて作法」と記されていたものは、『御湯殿上日記』八月十五日条に「豊国の臨時の祭に上京・下京より踊、紫宸殿の御庭にて踊、御目に御かけあり」（原文ひらがな）とあるように、「踊」であったことがあきらかとなる。

この場合の「踊」とは、「作り花笠鉾」をともなうことから、戦国期の京都において盂蘭盆《うらぼん》の時期に活況をみせたことで知られる風流《ふりゅう》(14)踊を意味しよう。今回、それが豊国社だけではなく、内裏「紫宸殿の御庭」でもおこなわれたことが知られるが、この点、編纂物ながら『豊国大明神臨時祭日記』によれば、「上京の踊は、まず内裏へ参り踊り（中略）その後豊国大明神の神前にて踊り」、「下京の踊は、まず豊国大明神にて踊り、その後禁中にて踊」ったという。

上京の風流踊は内裏へ参上した後に豊国社へ、また、下京のほうは豊国社から内裏へ参上したというわけだが、実際、『言経卿記』八月十五日条にも「上京町人風流参る、兼日参るべきのよしなり」「禁中へ下京町人風流参りおわんぬ」とみえることから、あらかじめ予定されていたと考えられよう。

なお、豊国社のどこで風流踊がおこなわれたのかという点については、義演が「明神楼門の前の桟《さ》敷《じき》」で「巳の半剋」（午前十一時ころ）に見物したと『義演准后日記』八月十五日条に記していることが手がかりとなる。「明神楼門」が「豊国大門」を意味するのであれば、田楽や猿楽と同じように、風流踊の会場もまた、「豊国大門」の前であったと考えられるからである。

町組を基礎にした豊国踊

風流踊に参加した町人たちの人数については、『舜旧記』八月十五日条に「上京・下京町人五百人躍《おどり》衆、金銀花飾の出で立ち、百人に笠鉾一本づつあり」とみえ、当初の千人より五百人に変更されたことが知られる。また、その内訳は、「上京より三百人、下京より二百人、都合五百人」であったことも『慶長日件録』八月十五日条からあきらかとなる。

『時慶記』八月十五日条には、上京の「豊国の跳《おどり》」が禁中へ参上したさい、それらが「小川組・西陣・上立売《かみだちうり》一連なり、そのつぎ室町・中筋組なり、そのつぎ六丁町《ろくちょうちょう》なり」という三つの「一連」（まとまり）で構成されていたと記されている。

ここにみえる「小川組」「中筋組」「六丁町」は、いずれも町人の自治組織として知られる町組《ちょうぐみ》を意味する。したがって、上京の風流踊（豊国の跳）は、小川組・西陣（組）・上立売組（立売組）で一連百人、室町（一条組）・中筋組で一連百人、六丁町（新在家六町組）で一連百人という町組を基礎に構成され、各一連ごとに「笠鉾一本」がともなっていたこともあきらかとなろう（図15）。

おそらく下京も同様だったと考えられるが、今回の風流踊が町組を基礎としたものであったということを裏づけるように、室町（一条組）に属する冷泉町《れいせんちょう》には、「慶長九年八月十五日　弐百七十弐匁五分は豊国踊のとき、踊り□つるかけ万雑用までの入用なり」と書かれた『大福帳』（『冷泉町文書』）が残されている。簡潔な記載であるため意味が読みとりにくいものの、少なくとも八月十五日の室町（一条組）の風流踊に関連する費用を冷泉町が分担していたことは知られよう。

また、同じ『大福帳』の慶長九年十月十五日条には、「一、百八十四文　秀頼様、踊りのとき、米くだされそうろうとき、大坂へ御礼に参りそうろうとき入用」という記事もみえる。これは、『豊国大明神臨時祭日記』にみえる「秀頼公より八《はち》木《ぼく》五千石、大坂より京著（着）なされ、踊のものどもにくだされ」たことに関連するものと考えられる。

これについては、下京の占《うら》出《で》山《やま》町《ちょう》に残される古記録（『占出山町文書』）にも、「慶長九年八月十五日に豊国御祭につき上下京より踊子五百人出だし申しそうろう、下京弐百人のうち当町踊子二人（中略）このとき、秀頼様より御下《げ》行《ぎょう》の米、踊子一人に拾石づつくだされそうろうなり」との記事がみえる。占出山町からは、下京二百人のうち「踊子二人」が参加し、秀頼からの下行米が「踊子一人に拾石づつくだされ」たことが知られよう。

役としての踊

このように、風流踊に対しても、田楽・猿楽と同じように、「料物《りょうもつ》」（費用）が秀頼からくだされていたことがあきらかとなるが、それらがどのように渡されたのかがうかがえる史料も残されている。それがつぎである。

請け取り申しそうろう米のこと

合わせて拾石てえり　ただし、花笠の踊衆一人分なり、

右一人分たしかに請け取り申しそうろう、当町において豊国大明神へ踊に出で申しそうろう、もし偽りそうらわば、重ねて仰せ付けらるべくそうろう、よってくだんのごとし、

慶長九年
壬（閏）八月三日

東魚屋町
年寄
林衛門尉（花押）
同
吉左衛門（花押）

行事　助右衛門（花押）

同　孫右衛門（花押）

行事町参

これは、聚楽川東《じゅらくかわひがし》組(15)という町組に属する東魚屋町が提出した請取状（『古久保家文書』）である。東魚屋町でも、占出山町と同じように、「花笠の踊衆一人」につき米「拾石」がくだされ、その請取状を町の年寄や行事らが連判したうえで「行事町」（町組の行事町）へ提出していたことが読みとれる。

町組など町人の自治組織は、戦国時代以来、惣町（上京・下京）—町組—町といった重層的な構造によってなりたっていたことで知られているが、この時期であれば、惣町のうえに京都を支配する所司代板倉勝重が位置づけられていた。

つまり、右にみられる請取状の提出のされ方からは、秀頼よりの下行米が直接、各町にくだされたのではなく、惣町—町組—町をとおしてくだされていたことがあきらかとなる。と同時に、惣町のうえに位置づけられる所司代の関与もうきぼりとなってこよう。

このことは、裏を返せば、風流踊の人数の設定などについても、家康の意をうけた所司代がおこない、それを惣町―町組―町をとおして伝達、各町に「踊子」や「花笠の踊衆」を負担させるという、「役《やく》」賦課と同じしくみになっていたことをおしえてくれる。先に「騎馬二百騎」の「馬」が「諸大名」の「役」として賦課されていたのと同じように、上京・下京の町人には、踊が「役」として賦課されていたといえよう。

なお、右とほぼ同文の請取状が現在、二十一通残されており、それらを一覧表にしてみると、表6となる。これをみてみると、請取状を出した二十一町では、「花笠の踊衆」を一人ずつ出していたことが読みとれる。

また、二十一町は、いずれも東魚屋町と同様、聚楽川東組に属するが、宛所に「六町の内行事町」とみえることからすると、聚楽川東組の二十一人の「花笠の踊衆」は、「六丁町」の一連百人の一部として組み込まれていたと考えられよう。

よく知られているように、今回の臨時祭を描いた絵画史料としては、『豊国祭礼図』[16]（図15）とよばれるものが複数残されている。また、そこにみられる風流踊のようすから、町人たちの躍動感が語られることも少なくない。

たしかに踊に参加した町人たちが躍動感をもって風流踊をおこなったこと自体はまちがいないであ

表6　聚楽川東組の下行米請取状一覧

年　月　日	差　出（肩書）	宛　所
慶長6年後8月3日	にしのとうゐん通うらつち町 2名（肩書なし）	行事町まいる
慶長9年壬8月3日	鶴屋町　3名（肩書なし）	聚楽川東組月行事町まいる
慶長9年壬8月3日	西洞院こくもん町　3名 （月司）	月司町まいる
慶長9年壬8月3日	東魚屋町　4名（年寄・行事）	行事町参
慶長9年後8月3日	西洞院通薬師町　2名 （肩書なし）	行事町参
（慶長9）壬8月3日	上かちや町　2名（肩書なし）	六町の内行事町まいる
慶長9年壬8月3日	西魚や町　3名（月司）	月司町まいる
慶長9年後8月3日	あふらやノ小路米や町　2名 （肩書なし）	当月行事町まいる
慶長9年壬8月3日	四町め　1名（肩書なし） 五町め　1名（肩書なし） 六町め　1名（肩書なし）	月司町まいる
慶長9年壬8月3日	丁子ふろ町　2名（肩書なし）	当行事町まいる
慶長9辰年壬8月3日	東ゑひす川町　3名（行事）	当行事町・同少斎老まいる
慶長9年後8月3日	あふらのかうちはし本町 2名（東かわ行事）	当行事町まいる
慶長9辰年壬8月3日	田中町　3名（肩書なし）	当行事町・少斎まいる
慶長9年後8月3日	油こうしうらつち町　3名 （行事）	行事町まいる
慶長9年後8月3日	堀川二町目 1名（行事） 同三町目　1名（行事）	少斎公まいる
慶長9年後8月3日	長者町中町　2名（肩書なし）	当行事町参
慶長9年壬8月3日	よこかちや町　2名 （肩書なし）	六町の内行事町まいる
慶長9年後8月3日	このへ町　1名（肩書なし）	奉行町まいる
慶長9年後8月3日	中立売はしつめ町　2名 （肩書なし）	行事町まいる
慶長9年後8月3日	かいの守町　2名（肩書なし）	行事町まいる
慶長9年壬8月3日	たかつかさ町　3名 （行事・としより）	しゆらくかわひかし月行事 まいる

ろう。しかしながら、本来、風流踊は盂蘭盆の行事であり、そのような季節感とも切り離され、しかも「役」として賦課されたのが豊国踊であったという現実も忘れてはならない。[17] それをふまえるなら、豊国踊は、「日ごとに強まる関東の京都支配に対する潜在的な反感が、この臨時祭を機会に、太閤追慕という形を借りて、一挙に噴出した[18]」ものというより、むしろ町人の自治組織を基盤に展開される京都の都市行政のありかたが可視化されたものと理解するほうが妥当なのではないだろうか。

非人施行と大仏

家康の「御諚」として加えられた「非人どもに施行つかわされそうろうなり」については、それを伝える史料が多いとはかならずしもいえない。ただ、そのようななかでも、『舜旧記』八月十五日条には「六番　非人の施行、大仏において執行、二百ばかりこれあるべきか」とみえ、また、『義演准后日記』同日条にも「大仏廻廊にて施行これあり、二千貫と云々」とみることができる。

「二百ばかり」と「二千貫」とでは大きなひらきがあるといわざるをえないが、これらからは、非人への施行（ほどこしをあたえること）が豊国社ではなく、大仏においておこなわれたことが知られよう。もっとも、すでにふれたように、このとき大仏は本尊も大仏殿もともに焼け落ち、失われていた。

したがって、その跡地で施行はおこなわれたことになるが、『義演准后日記』には、「大仏廻廊にて」とみえ、具体的には廻廊においておこなわれたとされている。先にみたように、「大仏廻廊」には、「騎馬二百騎」を見物するための桟敷も構えられていたから、廻廊自体が存在したことはまちがいない。ただ、この廻廊がいつつくられたのかといえば、先にもふれた『義演准后日記』慶長五年（一六〇〇）三月十八日条にみえる「大仏に七重塔ならびに講堂・廻廊以下のナワハリ《（縄張）》」までさかのぼることになろう。

これ以前、秀吉在世時には廻廊はなく、文禄五年（一五九六）の地震で「三方の築地ことごとく崩れ、あるいは顚倒《てんとう》」（『義演准后日記』閏七月十三日条）した築地は、翌慶長二年（一五九七）の段階でも「築地いまだ出来せず」（同上慶長二年八月二十九日条）という状態であった。

いっぽう、本尊と大仏が炎上した慶長七年（一六〇二）十二月四日には、「廻廊は東方焼けおわんぬ、自余の三方は奉行衆馳走をもって消す」（『義演准后日記』同日条）とみえ、東側は焼失したものの、残りの廻廊はなんとか消火されたという。したがって、非人施行は、焼け残った廻廊でおこなわれたのであろう（図13）。

ところで、中世における非人施行は、「天皇の法事・堂塔寺院供養・行幸・天災地異・為政者の病などに際して国家的な施行[19]」としておこなわれたことで知られている。よって、家康がわざわざ「御諚」

でもって非人施行を加えたのは、秀吉の七回忌と関連させてのことであったと考えるのが自然であろう。

ちなみに、イエズス会宣教師によれば、家康が臨時祭をおこなったのは、「(太閤)から受けた恩恵に感謝の意を表し、あわせて(太閤)に対し抱いている敬意と崇敬や、死後もなお彼の名誉を高めたいという気持ちを、その太閤に恩義を感じている人々に示し、これをもって彼らをさらに有り難がらせ、彼らの歓心を買って、自己に対する忠義と愛において彼らが決して欠けることのないようにしようとしたため」(『一六〇三、一六〇四年日本の諸事』)であったという。

非人施行もまた、同じような意図だったのではないかと考えられるが、注目されるのは、その場所が失われた大仏の地であったという点であろう。ふりかえれば、秀吉没後、残された政権関係者のひとりとして、大仏本尊の造立と大仏鎮守の建立をすすめてきたのは、ほかならぬ家康であった。

また、その家康にとっても、本尊と大仏殿が失われたことは痛恨事であり、大仏の地が、みずからが拠点をおく伏見城と京中との接続地であるという点においても、常に気になる存在であったと考えられるからである。しかも、そこにあるべきものが存在しない。

このようにして、慶長九年の豊国臨時祭は、失われた大仏の存在をあらためてうきぼりにすると同時に、その空白を埋めようとする動機もよびおこすことになったと考えられるのである。

（1）『特別展　没後四〇〇年　木食応其　秀吉から高野山を救った僧』（和歌山県立博物館、二〇〇八年）。

（2）『義演准后日記』慶長六年五月七日条には、「高野文殊院、学侶と公事負けおわんぬ、よって大仏作事奉行も他へ渡しおわんぬ」とみえるが、それ以降も文殊院は大仏作事にかかわることになる。

（3）相田文三「徳川家康の居所と行動」（藤井譲治編『織豊期主要人物居所集成』思文閣出版、二〇一一年）。

（4）河内将芳『大政所と北政所—関白の母や妻の称号はなぜ二人の代名詞になったか—』（戎光祥出版、二〇二二年）。

（5）福田千鶴「江戸幕府の成立と公儀」（『岩波講座日本歴史　第一〇巻　近世1』二〇一四年）。

（6）福田千鶴『豊臣秀頼』（吉川弘文館、二〇一四年）。

（7）福田氏前掲『豊臣秀頼』参照。

（8）谷徹也「秀吉死後の豊臣政権」（『日本史研究』六一七号、二〇一四年）、野村玄『豊国大明神の誕生—変えられた秀吉の遺言—』（平凡社、二〇一八年）。

（9）藤井譲治『徳川家康』（吉川弘文館、二〇二〇年）。

（10）谷徹也「首都としての伏見」（尾下成敏・馬部隆弘・谷徹也『京都の中世史　6　戦国乱世の都』吉川弘文館、二〇二一年）において、すでに「伏見幕府」ということばがつかわれている。

（11）京樂真帆子『牛車で行こう！—平安貴族と乗り物文化—』（吉川弘文館、二〇一七年）。

（12）慶長九年の豊国臨時祭に関するおもな先行研究をあげると、つぎのようになろう。守屋毅『「かぶき」の時代―近世初期風俗画の世界―』（角川書店、一九七六年）、芦原義行「豊国社の祭礼について―豊国社の神事並びに運営を中心に―」（『日本宗教文化史研究』第一七巻一号、二〇一三年）、黒田日出男『豊国祭礼図を読む』（角川選書、二〇一三年）、掘越祐一『豊臣政権の権力構造』（吉川弘文館、二〇一六年）。なお、本節の内容については、河内将芳『中世京都の民衆と社会』（思文閣出版、二〇〇〇年）をベースにしたものとなる。

（13）『東寺諸門修復記念　東寺の建造物―古建築からのメッセージ―』（東寺［教王護国寺］宝物館、一九九五年）。

（14）河内前掲『中世京都の民衆と社会』参照。

（15）聚楽川東組については、杉森哲也『近世京都の都市と社会』（東京大学出版会、二〇〇八年）参照。

（16）『豊国祭礼図』については、黒田氏前掲『豊国祭礼図を読む』参照。

（17）河内前掲『中世京都の民衆と社会』参照。

（18）守屋氏前掲『「かぶき」の時代―近世初期風俗画の世界―』参照。

（19）丹生谷哲一『［増補］検非違使―中世のけがれと権力―』（平凡社ライブラリー、二〇〇八年）。

第三章

「関東と京都の御弓箭」続編としての大坂の陣

1 ◈ 失われた大仏をもとめて

中井正清

慶長九年（一六〇四）の豊国臨時祭終了後、大仏再建の動きがみられるまでには、しばらくの歳月が必要となる。その間の事情についてはつまびらかにできないが、同時代史料によって、大仏再建の動きが確認できるようになるのは、つぎの史料が最初ではないかと思われる。

一昨日、大工大和守（中井正清）、江戸より上洛す、大仏造営料、大坂にむかい請け取るべきのゆえと云々、

これは、小槻孝亮《おづきたかすけ》の日記『孝亮宿祢記』慶長十二年（一六〇七）十二月二十三日条にみえる記事である。いたって短い記事ではあるものの、いくつかの注目すべき内容が読みとれる。たとえば、冒頭に登場する「大工大和守《やまとのかみ》」とは、のちの京都大工頭《がしら》として知られる、徳川家御大工の中井正清《なかいまさきよ》[1]を指すが、その正清が大坂で「大仏造営料」を請け取るため江戸より上洛したことが知られる。

ここからは、「大仏造営」をになうことになったのが、徳川家御大工の中井正清であったことがあきらかとなる。と同時に、大仏再建の動きも徳川政権の主導によるものであったことが知られよう。もっとも、ここでもまた、「造営料」は大坂の秀頼が出すことになっており、かつての本尊造立のときと同様、家康が「下知《げち》」をし、秀頼が「料物《りょうもつ》」（費用）を出すというかたちが踏襲されていたことが読みとれる。

ところで、右の一文だけをみると、中井正清は大仏再建のためだけに上洛したかのようにみえる。しかしながら、右の一文には、これにつづけて「内裏《だいり》狭少のゆえ、御敷地を広げられ、新殿を造進せらる」「昨日板倉伊賀守（勝重）ならびに大工大和守（中井正清）ら、御敷地の縄張りつかまつる」とあるように、内裏「新殿」の造営にかかわる記事がしたためられている。ここからは、今回の大仏再建が、「慶長十年の後陽成院御所の造営、慶長十二年頃から計画され同十六年に作事のはじまった内裏の造営、およびそれにともなう新たな公家町の建設」[2]と並行してすすめられていたことが知られよう。

実際、それを裏づけるように、『義演准后日記』慶長十三年（一六〇八）正月六日条には、「新造内裏のこと、御延引あるべからざるよしと云々、大仏殿同前と云々」とみえる。一般に大仏再建は、秀頼による事業としてとらえられることが多い。たしかに「造営料」を出すのは秀頼であったが、普請そのものについては、家康ら徳川政権の主導のもとにある、いわば共同事業であったことには注意しておく必要があろう。

地鎮と釿始

さて、大仏の跡地において本格的な再建の槌音が聞こえるようになるのは、翌慶長十四年（一六〇九）正月のことになる。『義演准后日記』慶長十四年正月五日条に「片桐市正《（且元）》の使い、（中略）大仏殿御建立につき上洛、小屋をかける用意」とあり、片桐且元の使いが小屋をかける用意のため上洛したことが知られるからである。

また、翌慶長十五年（一六一〇）に入ると、地鎮と釿始《ちょうなはじめ》（大工が新たな建築にとりかかったはじめの日におこなう儀式）の記事も『義演准后日記』にみられるようになる。たとえば、五月十二日条には、「新大仏殿作事、来月十日ころ、番匠《ばんしょう》始め」「それにつき、地鎮の儀、大工大和守《（中井正清）》」「今日申し来た」るというようにである。

もっとも、実際の地鎮は六月十日ではなく、六月十二日におこなわれた（『舜旧記』同日条）。その地鎮の導師をつとめたのは義演であり、そのこともあって、義演の筆になる『新大仏殿地鎮自記』（『三宝院文書』）という記録も残されている。そこには地鎮にかかわる詳細な記事もみられるが、注目されるのは、「前将軍去年慶長十四酉当堂御再興を御下知す、造作料においては、右大臣豊臣朝臣秀頼御下行なり」という一文の存在であろう。

ここからも、今回の大仏「御再興」を「御下知」したのが「前将軍」家康であり、その「造作料」を秀頼が「御下行」するというかたちであったことがあきらかとなるからである。また、それとともに、「番匠大和守」「前将軍御大工なり、ことごとくみなこの大工がままなり、釿始も同日同時」とみえるように、釿始が地鎮と「同日同時」におこなわれ、その儀式をはじめとした再建工事を「前将軍御大工」中井正清が「ことごとくみな」取りしきることになっていたこともあきらかとなろう。

なお、秀頼が下行する「造作料」については、『新大仏殿地鎮自記』につぎのような興味深い記事を見いだすことができる。

> 豊国大明神御在世時、御子御幼少につき、御用心として、黄金千枚づつ鋳かためられて御譲与しおわんぬ、今度彼の金二十ばかり出だされ、この足をもって御再興なり、諸商人、彼の金を請け取りて、諸国より材木を出だしおわんぬ、

一般的なイメージとしても秀吉は莫大な財産を残したように思われている。右からは、それが事実

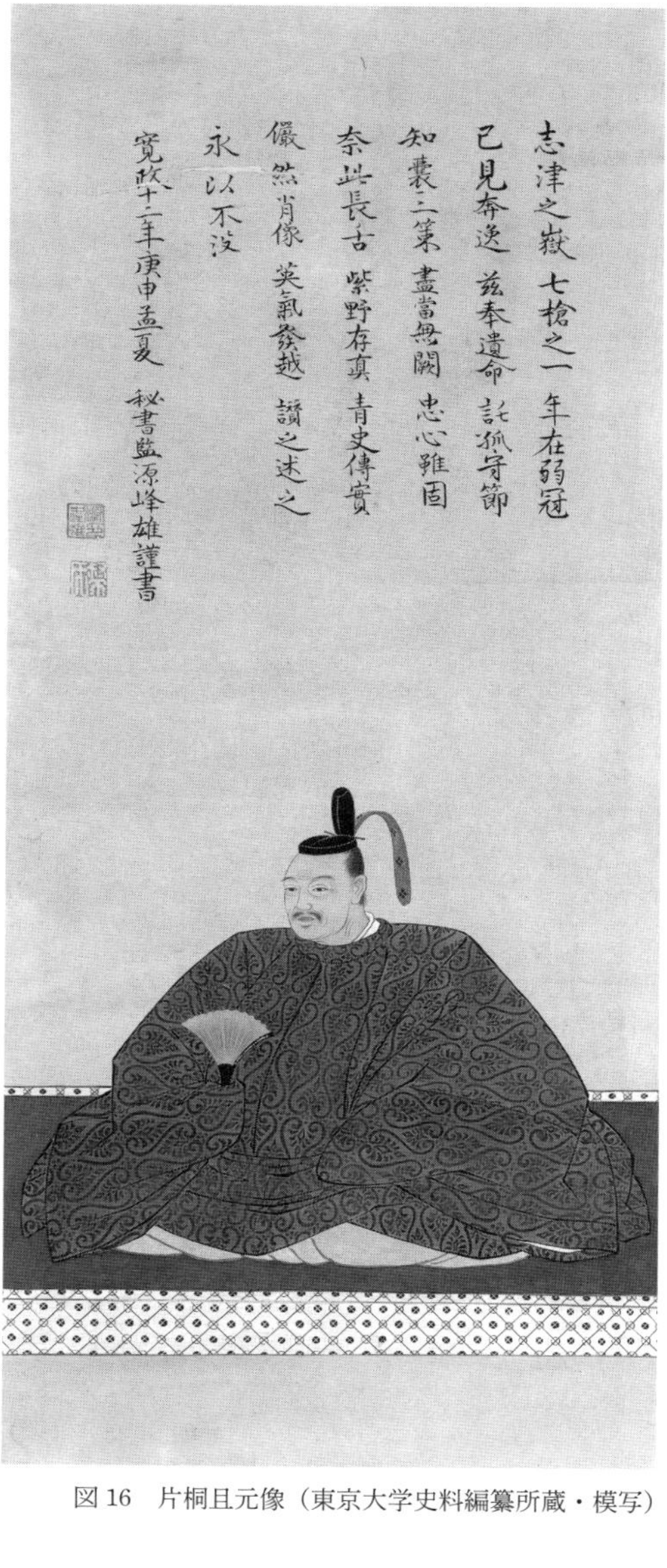

図 16　片桐且元像（東京大学史料編纂所蔵・模写）

であり、今回の大仏再建に関しても「黄金千枚づつ鋳かためられ」たうちの「金二十ばかり」がつかわれ、「諸国より材木」があつめられたことがあきらかとなろう。

ちなみに、編纂物ながら『当代記』慶長十三年（一六〇八）十月三日条には、「東山大仏、来年立てらるべきとて、金子を秀頼公より出だされ」とみえる。材木の収集は、慶長十三年にははじめられていたと考えられよう。

柱立

『孝亮宿祢記』慶長十五年六月十八日条によれば、「今度大仏造営、今日より大工三千人、小引《（木挽）》二千人、合わせて五千人」が現場に入ることになったと記されている。本格的な工事がはじまろうとしていたことがうかがえるが、秀吉が大仏を造立したときには、最初に基壇が築かれた[3]。それに対して、このように大工や木挽が早々に登場していることをふまえるなら、今回の再建は、残された基壇を利用したものだったと考えられよう。

もっとも、その基壇に柱を立てるまでにも、これから二ヵ月ほどかかった。『義演准后日記』八月二十一日条につぎのようにみえるからである。

> 大仏作事見物す、明日柱三本立て初むと云々、足代《あししろ》築山の方より紐上げそうろう、

義演はこの日、「大仏作事」を見物に来たようだが、そのさい、明日二十二日に「柱三本」を「立て初む」予定との話を耳にしたことがわかる。また、柱は、「築山」の「足代」（足場）から「紐上げ」（巻き上げの意であろう）でおこなうとも聞いていたことが知られる。

秀吉が大仏を造立したときにも、「巨大な土山を築かせ、その頂に備えつけた巻揚機をもって、柱その他寺院の建材をひきあげさせた」（『フロイス日本史』）と伝えられているから、今回もまた、「巨大な土山」＝「築山」を築き、そのうえに巻揚機を据えて柱をひきあげたのであろう。

ちなみに、寛文九年（一六六九）以降に書きつがれたとされている『愚子見記《ぐしけんき》』[4]という記録の「京大仏」「大仏殿普請用意の覚」には、「築山　高さ十二間、南北上にて六十八間、同東西三十一間、同山上に轆轤《ロクロ》二十一立つる」とみえる。

これがもし事実を伝えているのだとすれば、築山の高さはおよそ二十二メートルにおよび、南北およそ百二十四メートル、東西およそ五十七メートルの大きさで、その頂上には轆轤（巻揚機）が二十一台も立てられたことになろう。

「柱立《はしらだて》」は、予定どおり八月二十二日におこなわれたが、『孝亮宿祢記』同日条によれば、「北南三本

図 17　義演像（東京大学史料編纂所蔵・模写）

立ち始む」という状態だったという。その後、すべての柱が立てられたのは、『義演准后日記』慶長十六年（一六一一）四月二十七日条に「大仏柱ことごとく立ちおわんぬ」とみえることから、翌慶長十六年四月だったことがあきらかとなろう。

ちなみに、義演はこれにつづけて、「去年今月十二日釿始なり、わずかに一年に足らず、早速奇妙なり」と記している。釿始を「今月」（四月）としているのは、おそらく六月のあやまりと考えられるが、しかしながら、一年もかからずに、すべての柱が立てられたというのは、文字どおり「早速」のことだったにちがいない。

それからおよそ三ヵ月後の八月三日には、柱と柱のうえに渡される「大虹梁《だいこうりょう》」が引かれ、それを見物しようと人びとが「群集」したと『義演准后日記』同日条は伝えている。そして、それらが上げられたのは、月末に近い八月二十七日であったことも同記同日条には記されている。

秀頼上洛と大仏殿造畢

ところで、慶長十六年といえば、三月に秀頼が上洛したことでも知られている。『義演准后日記』三月二十八日条に「秀頼公御上洛、御七歳のとき、伏見より大坂へ御移徙已後《いご》、今日初めなり」とみえるように、今回の上洛は、秀吉の死が公表された直後に伏見城より大坂城へ移徙して以来のことであった。

その目的は、「大御所《（徳川家康）》御対面」（『光豊公記』三月二十八日条）、つまり「大御所」家康と「御城」（二条城）にて対面することにあったが、それは、「一時ばかり」（二時間ほど）（『義演准后日記』同日条）でおわったようである。

そして、そこからすぐに「豊国へ御社参」し、「大仏作事柱を立て御見物」したと『義演准后日記』三月二十八日条は伝えている。秀頼は、うまれてはじめて豊国社へ社参し、大仏の作事も見物したわけだが、再建されつつある大仏や豊国社の所在する京都が徳川政権の施政下にあることを実感したにちがいない。

あけて慶長十七年（一六一二）、『義演准后日記』正月六日条をみてみると、「大仏殿、四、五月ころ、ことごとく造畢《ぞうひつ》」とあり、大仏殿が四月か五月には「造畢」（建物をつくりおわること）し、完成にかかわる「御供養」も視野に入りつつあったことが知られる。柱立からかぞえても、およそ二年たらずで完成にむかっていたことになるが、それがもし事実であれば、おそるべき急ピッチで工事がすすんだと考えられよう。

実際、『義演准后日記』正月二十九日条には、「大仏瓦を葺《ふ》く」とみえ、瓦も葺きはじめられたことが知られる。また、編纂物ながら『当代記』によれば、「慶長十六年十一月、東山大仏殿ようやく出来」とあり、前年の末には大仏殿は「造畢」に近づいていたとされ、あわせて「瓦を上揃えなば柱破るべきかと云々、そのゆえはみなハギ柱なり」とも記されている。再建された大仏殿の柱は「みなハギ柱」であり、そのため、瓦の葺き方を「上揃え」にしなければ、柱が破損する可能性があったという。

「ハギ柱」とは、寄せ木による柱を意味するのであろうか、もしそうであるのなら、現在、京都国立博物館に残される巨大なリング状の金輪などが、この「ハギ柱」にかかわるものと考えられる。

本尊の再建

ここまでみてきたように、大仏殿の再建にかかわるようすについては、断片的ながらもみてとることができる。そのいっぽうで、本尊の再建については、それを同時代史料から読みとることは容易でない。そのようななか、先ほどみた『義演准后日記』正月二十九日条には、「後光の化仏《けぶつ》黒漆これを塗る」とあり、本尊の後光（光背）の「化仏」にかかわる工事がおこなわれていたことが知られる。

また、同記閏十月二十三日条にも「大仏本尊後光金薄（箔）押すこと、ことごとく出来す、大座（台）の蓮花大《たい》都《と》出来、堂中の敷石過半出来」とみえ、「後光」（光背）には金箔が押され、台座の「蓮華」（蓮弁）や堂内の「敷石」も「大都」（おおむね）完成したことが読みとれよう。

　このうち、「敷石」については、平成十二年（二〇〇〇）の夏に大仏殿跡の発掘調査がおこなわれたさいに「基壇上面の化粧石を検出」し、「正方形の平らな花崗岩を基壇の方向に対して斜格子状に並べてい[5]」た状況と重なるのではないかと考えられる。

　もっとも、発掘調査でも、本尊については、そのようすを知る手がかりにめぐまれなかったが、この点、寛文二年（一六六二）五月におこった地震にともなって大仏殿と本尊が影響をうけ、二年後の寛文四年（一六六四）三月に幕府が修理をおこなおうとしたときに「鋳像を毀《こぼ》ち、あらためて木像となす」（『堯恕法親王《ぎょうじょほっしんのう》日記』三月二十九日条）とあることから、「鋳像」（金属を鋳造してつくった像）であったとは考えられる。

　ただ、本尊全体が鋳造されたものなのか、あるいは部分的なものかどうかについてはさだかでない。慶長七年（一六〇二）に炎上した本尊と同じように、頭と左右の手は木でつくられた可能性も考えられ、そのこともあって、現在のところ、本尊は「銅造大仏。ただし仏体すべてが銅造であったのか、半木像半銅造かは不明[6]」とされている。

　なお、再建された本尊の規模についても、それを明記する同時代史料にめぐまれない。そのような

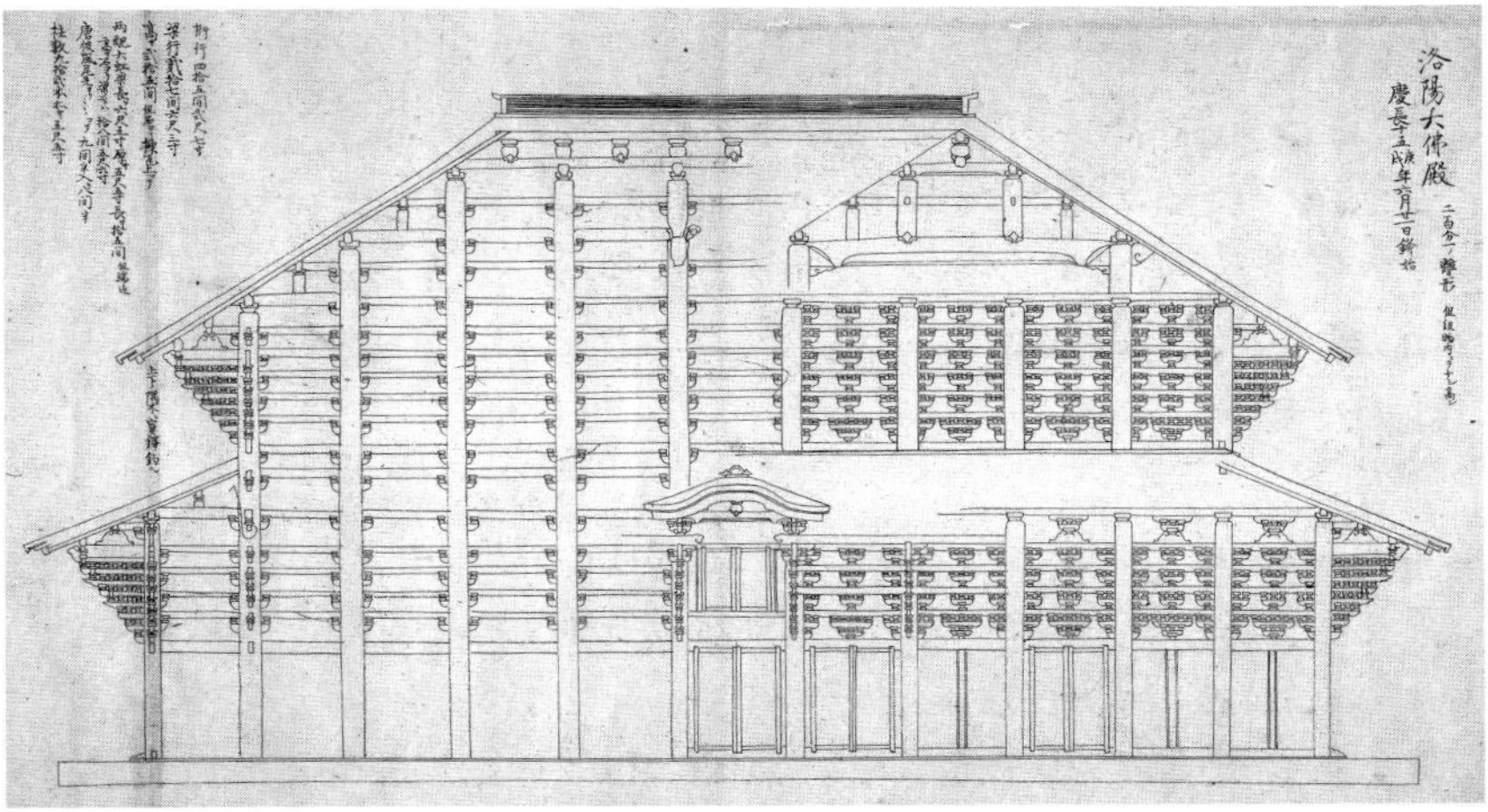

図 18　大仏殿雛形（東京大学史料編纂所蔵・模写）

なか、寛文四年の「大仏御造替」にあたって記録された「大仏殿雛形」（東京大学史料編纂所蔵）（図18）という史料にみえる「仏の寸尺」によれば、「蓮台上より御頭上まで」の「高さ　九間四尺五寸」（およそ十八メートル）、また、「後ろより前腹まで指し渡し」が「壱丈九尺七寸」（およそ六メートル）、そして、「肘よりひじまでの巾」が「六間三尺五寸」（およそ十二メートル）であったという。現在の東大寺大仏が「像高一四・九八メートル[7]」であることをふまえるなら、それよりも大きな本尊であったと考えられよう。

鐘鋳

先にふれたように、『義演准后日記』慶長十七年（一六一二）正月六日条には、「大仏殿、四、五月ころ、ことごとく造畢」とみえ、大仏殿は四月か五月には「造畢」するとみられていた。ところが、同年中は本尊の再建についての情報が断片的にみられるだけで、史料のうえでは、翌慶長十八年（一六一三）に入ると動きがとまったかのようにみえる。

その間の事情については、残念ながらつまびらかにはできないが、すぐる慶長五年（一六〇〇）の段階で計画されていた七重塔や講堂が建立された形跡もみられないから、そのための時間的猶予というわけではなかったように思われる。

そのようななか、大々的におこなわれたのが、慶長十九年（一六一四）四月の鐘鋳《かねい》（鐘を鋳造すること）である。秀吉の時代を含め、大仏にはこれまで鐘（釣り鐘、洪鐘《こうしょう》、撞鐘）の存在は確認できず、したがって、新規の事業となるわけだが、『時慶記』四月十六日条には、「鐘鋳煅《タヽラ》おびただし、未明よりたたら立つ、巳の上刻に鋳そうろう」とみえ、鋳物にもちいる「煅《タヽラ》」（蹈鞴《たたら》）が数多く用意され、「未明」から「巳の上刻」（午前十時ころ）まで作業がすすめられたという。

その作業には、「京都三条釜座《かまんざ》の鋳物師《いもじ》が棟梁として、江戸・駿河・播磨のそれが首領格、他の諸国鋳物師が脇棟梁として総勢三千人の鋳物師[8]」が従事し、また、それを一目みようと人びとが「近国より上洛、結縁群集」したと『義演准后日記』四月十六日条は伝えている。

にぎにぎしく鐘鋳がおこなわれたようすがうかがえるが、それを「奉行片桐市正且元」と「板倉伊賀守（勝重）」も見物したという（『舜旧記』四月十六日条）。鐘鋳もまた、家康方と秀頼方の共同事業であったことが知られよう。

なお、『舜旧記』四月十六日条には、「伊賀守殿（板倉勝重）・市正殿（片桐且元）両人の桟敷、廻廊の屋根に囲い見物なり」とあり、板倉勝重と片桐且元は、大仏「廻廊の屋根」に桟敷を構え鐘鋳を見物したという。現在の大仏殿跡地の北側には鐘鋳町《かねいちょう》という町名が残されているが、もしその町名が何らかの由緒を伝えるものであるとするなら、桟敷が構えられた廻廊は北側のそれであったと考えられよう。

鐘鋳がおこなわれてから八日経った四月二十四日には、「大仏洪鐘今日掘り起こ」（『義演准后日記』同日条）され、それからおよそひと月後の五月二十九日に「大仏洪鐘」は「鐘楼のあたりへ引き寄せ」（同上同日条）られたことが知られる。

すでに鐘楼が建立されており、また、鐘を移動させるのにかなりの時間が必要だったこともうかがわれるが、それを釣り上げるのにも、これからおよそひと月かかることになる。『舜旧記』六月二十八日条に「大仏殿撞鐘を鐘楼へ釣り上げるなり」とみえるからである。

このとき釣り上げられた鐘が現在も残される「方広寺の梵鐘」となるが、その大きさは、「総高四一二・〇センチ」「鐘身高三二一・六センチ」「口径二二六・八センチ」「縁厚二六・八センチ」[9]であり、その巨大さゆえ、鐘楼へ釣り上げるまでに時間がかかったのかもしれない。『舜旧記』六月二十八日条によれば、「突き初め義式（儀）」はなかったものの、「片桐市正（且元）突き初め、二番鋳師、そのほか諸奉行衆突かるとなり」と、片桐且元が最初に鐘を撞いたとされている。

図 19　金地院崇伝像（東京大学史料編纂所蔵・模写）

大仏供養

鐘鋳がおこなわれてまもなくして、大仏供養の準備も本格的に動き出したことが史料からも読みとれるようになる。一連の工事がいよいよ完成に近づいていたことが知られるわけだが、金地院崇伝《こんちいんすうでん》（図19）の日記『本光国師《ほんこうこくし》日記』慶長十九年五月八日条には、「大仏供養の儀、市殿（片桐且元）内存の覚書」とあり、片桐且元の覚書が「昨七日」（五月七日）に家康の「御前へ申し上げ」られ、「しかるべきむね」が仰せ出されたことが読みとれる。

このとき申し上げられた覚書の内容は、具体的には、供養をとりおこなう役者としての「導師」（衆僧の首座となって儀式をとりおこなう僧）に妙法院門跡《みょうほういんもんぜき》、「呪願《じゅがん》」（法語をとなえ、施主の幸福を祈願する呪願文を読む僧）に三宝院《さんぼういん》門跡、「証議《しょうぎ》」（証誠とも。論義のとき、問者・講者の問答の当否を判断する僧）に照高《しょうこう》院《いん》門跡がさだめられたというものであり、それをふまえて崇伝と本多正純《ほんだまさずみ》が連署で伝奏《てんそう》衆[10]の「広橋大納言（兼勝）」と「西三条大納言（三条西実条）」に宛てて書状を送ったことも読みとれる（『本光国師日記』五月八日条）。

ここからは、大仏供養が武家側の差配のみでとりおこなえるものではなく、寺社や公家衆の参画も必須であったことがあきらかとなる。[11] また、呪願とさだめられた三宝院義演のもとには五月二十日に「大仏供養の儀、金地院（崇伝）より申し越」し（『義演准后日記』同日条）、二十八日には「片桐市正（且元）より呪願」

に「治定《じじょう》」した旨が伝えられたことも確認できる（同上同日条）。

　これらの役者は、もちろんにわかにさだめられたわけではなく、たとえば、照高院門跡が、前年の慶長十八年（一六一三）八月の段階で「証議」ではなく「大仏供養導師」をのぞんでいたことも『本光国師日記』八月十三日条から読みとれる。しかも、そのさい家康が、「秀頼次第と御諚なされ」たとも記されてあり（『本光国師日記』八月十三日条）、大仏供養の人員配置については、「大檀那」（『新大仏殿地鎮自記』）である秀頼方の意向がある程度優先されることになっていたと考えられよう。

　七月に入ると、「伝奏衆おのおの御双《（相）》談」のうえ、「本尊開眼師」として仁和寺《にんなじ》門跡がさだめられ、その伺いが家康のもとに出されるとともに、「一段しかるべ」しと仰せ出されたことも、『本光国師日記』七月三日条から知られる。大仏供養の準備は順調にすすんでいたようにみえるわけだが、じつは、この開眼師の選定が思いもかけず供養全体に影響をあたえていくことになる。

開眼供養と堂供養

　『本光国師日記』七月十日条をみてみると、天台僧にして、家康に近侍するようになっていた南光坊《なんこうぼう》（天海）が、「本尊開眼」供養と「堂の供養」がもし「同日」におこなわれ、天台僧が「右座」に着座するようなことになれば、「出仕あるまじき」と家康に申し上げたことが読みとれる。

問題の核心は、天台僧が「右座」に着座するか、「左座」に着座するかにあったようだが、右大臣より左大臣のほうが上位であることに代表されるように、日本では右より左が上とみなされていた。そのことをふまえ、南光坊の主張を読み解いてみるとつぎのようになろう。

すなわち、真言僧である仁和寺門跡が開眼師としてとりおこなう開眼供養につづいて堂供養が同日におこなわれたのなら、仁和寺門跡につらなって「左座」に着座していた真言僧たちはそのままとなり、その結果、天台僧たちもまた、「右座」に着座しつづけざるをえなくなる、と。

これと同じ内容の話は、『義演准后日記』七月十四日条にもみえ、「いずれも難題どもなり」と記されている。かつて大仏千僧会が開始されたときにも、天台宗と真言宗は座次（座席の順序）をめぐって争論をおこしたことが知られているから、[12]同じような問題が今回も浮上することになったといえよう。

このような動きをうけて、片桐且元と板倉勝重は「談合」をおこない（『義演准后日記』七月十四日条）、「大仏供養、天台宗左座にあいさだめ」、「開眼供養八月三日同時にこれあるべ」しとの書状を崇伝と本多正純に送っている（『本光国師日記』七月十八日条）。

開眼供養と堂供養を同日におこなうことはそのままにして、天台僧の「左座」だけをうけいれるという苦肉の策をとったわけだが、ところが、その書状に対する家康の意向は、「開眼供養同日に御執行そうろうは、こと閙《さわ》がしく」「三日には本尊の開眼供養までにて」「十八日に堂の供養しかるべき」と、日にちを分けるようにという「御内証」（内意）であった（『本光国師日記』七月十八日条）。

天台宗と真言宗の座次争論を回避するうえでは、家康の「御内証」のほうが現実的な解決策と思われる。しかしながら、片桐且元と板倉勝重がなおも「大仏供養本尊開眼三日同日に執行ありた」しとの書状を送ってきたため、「上棟・開眼・堂供養、いずれも指し延ば」し、つまりは延期して「重ねて吉日を撰び御執行」するようにと家康が仰せ出すこととなった（『本光国師日記』七月二十六日条）。

寺号をめぐって

じつは、このやりとりのなかで、家康が「棟札の下書き・鐘の銘の下書きいずれも御覧なされ」るという動きも出てくることになるが（『本光国師日記』七月二十六日条）、そのことをみていくまえに、今回の大仏供養に多数の公家衆の出仕が予定されていた点[13]にも目をむけておくことにしよう。

公家衆の出仕については、『本光国師日記』七月十二日・十三日条から「大仏供養について、関白以下著《（着）》座の次第ならびに諸役者の書立」が家康の「上覧に備え」られ、「もっとものよし御諚」を得たことが読みとれる。

いっぽう、宮内庁書陵部において『東大寺大仏供養文書[14]』と名付けられた史料には、「大仏供養日時定陣儀《さだめじんのぎ》」「大仏供養僧名定陣儀」「大仏開眼供養日時定陣儀」「大仏上棟日時定陣儀」などの記事がみられ、今回の大仏供養の次第が、「朝儀という正式な手続きを経て決定したものであった[15]」ことがあきらかとなる。先に片桐且元と板倉勝重が同日執行にこだわっていたのも、おそらくそれに朝儀がからんでいたということがあったためであろう。

また、同じ『東大寺大仏供養文書』には、つぎのような興味深い記事もみられる。

一、東大寺大仏供養とあるべきや、
一、寺号あらたにこれあるべきや、
一、ただし、豊国奥院寺号をかたどり何寺大仏供養とこれあるべきや、

これらはいずれも、今回の大仏供養に関連して「懸案となっている事項を書き記した[16]」ものとされているが、ここからは、秀吉の時代を含めて、「寺号」をもたなかった大仏を「何寺」とすべきかが検討されていたことが知られる。そして、その候補としてあがっていたのが、「東大寺」や「あらたに」「豊国奥院寺号をかたど」るというものであった。

このとき、もし「寺号」が「東大寺」とされていたのなら、大仏は、南都の東大寺にとってかわる存在になっていたのかもしれない。また、この「寺号」の件が家康や秀頼に知らされていたのかどうかについてもさだかでないが、結局のところ、大仏供養が延期になったこともあり、これ以降も大仏は「寺号」をもつことなく、ただ単に大仏とのみよばれつづけることになる（なお、方広寺という寺号は、寛文五年（一六六五）成立の『扶桑京華志』にみえる「大仏殿方広寺」あたりが最初と考えられる[17]）。

鐘の銘、棟札の案

さて、「鐘の銘写」と「棟札の案」は、「八月五日に御目にかけ」られ（『本光国師日記』八月五日条）、それに対して家康は、「今度の銘」が「無案内」（心得のない）の「田舎衆」の手によるものであり、「いらざることども、長々しく書きつけ」たうえ「御諱《いみな》など書き入れ」、「法度」（きまり）にそわないものとみていたことが知られる（『本光国師日記』八月六日条）。

また、「棟札」についても、「古法あるべきところに」「棟梁の名も書き載せ」ていないことを問題視していたこともわかるが（『本光国師日記』八月六日条）、そのいずれもが大仏供養の延期を家康が仰せ出した後であるという点には注意が必要であろう。

このうち、鐘の銘に「御諱など書き入れ」とは、今に残る銘文にもみえる「国家安康」という一節のなかの「家康」を指すと思われる。しかしながら、ここでは「御諱」を入れること自体が問題にされているのであり、「家康」という「御諱」を「安」の文字が割いているといった、一般によく知られている説明がみられない点には注目しなければならないであろう。

しかも、問題視されたのは、鐘の銘だけではなく、「棟梁の名」（中井正清の名）も記されていない棟札もあわせてのことであり、いわゆる鐘銘事件として、鐘の銘のみに注目してきた、これまでのみかたには検討の余地があろう。

なお、大仏供養は中止ではなく、あくまで「重ねて吉日を撰び執行」する延期であったことも忘れてはならない。また、その期限は、「上棟・開眼・堂供養、大御所《（徳川家康）》上洛まで御延引」（『義演准后日記』七月二十九日条）とあるように、家康が上洛するまでであった。

ここからは、家康が大仏供養に臨席することを念頭においていたことがうかがえるが、これより先、「秀頼公供養に御上洛」については「いかようにも心次第と」（『本光国師日記』七月十八日条）家康が仰せ出していたことなども考えあわせるなら、大仏供養には、共同事業をになってきた家康と秀頼のすがたがみられる手はずになっていたのかもしれない。

そもそも、本尊の造立にはじまり、それにともなう火災で失われた大仏殿と大仏の再建という事業は、秀吉没後、残された政権がすすめてきた施策の延長線上に位置するものである。そして、それを「下知」してきた人物こそ、家康そのひとにほかならなかった。

したがって、大仏殿と大仏の完成にともなう大仏供養の日をむかえることは、秀頼以上に家康にとっても重要な節目となったにちがいない。逆に、それを延期せざるをえなくなったのは、不本意このうえないことであっただろう。

しかも、その直接的な原因が、開眼供養と堂供養を同日におこなうか否かにあり、そこに公家衆や朝儀がからんでいたこともふまえたとき、距離の近い京都と大坂とがむすびつきかねないという危惧を家康は感じとったのではないだろうか。

対して家康のほうはといえば、慶長十二年（一六〇七）七月に駿府城へ移って以降、それまで毎年おこなっていた上洛をしなくなっていた[18]。京都と駿府との距離を家康が実感することになったのかどうかについてはさだかでないが、ただ、大仏供養が延期になったからといって、それによりただちに軍事的な衝突がおこることになったと語る同時代史料も見いだせない点は重要であろう。

それでは、どのようにして、いわゆる大坂の陣とよばれる軍事的な衝突はおこり、そして、京都に対してどのような影響をあたえることになったのであろうか。節をあらためてみていくことにしよう。

2 ❖ 京都からみた大坂の陣

片桐且元と大坂本丸衆の出入

『時慶記』慶長十九年（一六一四）八月十三日条によれば、「大仏鐘の文のこと、駿府に御機嫌悪《あ》しとて、今日片桐市正《（且元）》駿州へ下向（中略）また大仏棟札の義も機にあわざる」と、鐘の銘と棟札にかかわって片桐且元が駿府へ下向したことが知られる。

これは、崇伝と本多正純が八月六日に片桐且元へ送った書状（『本光国師日記』八月六日条）のなかで「御下向そうらいて、なおようす仰せあげられしかるべくそうろうや」と助言したことによるものであろう。

ただし、『義演准后日記』八月十三日条によれば、片桐且元が駿府へ下向するにあたって「少々雑説」があり、そのため「大坂町人ら物忩《ぶっそう》」と、なにがしかの「雑説」（うわさ）が立ち、大坂の町人たちに動揺が走ったことが知られる。

また、慶長十九年八月は、秀吉十七回忌にあたり、臨時祭も計画されていたものの、片桐且元が「駿府へくだるにつき延引」していたことも（『舜旧記』八月十二日条）、町人たちに動揺をもたらした一因であったと考えられよう。

駿府に片桐且元が到着したのは「十九日の晩」だったようだが、家康との「御対面」はなかったものの、「市殿《(片桐且元)》不届きの儀はこれあるまじきとの上意」「文言以下の善悪、市存ぜられざることも、もっともとの御諚」と、片桐且元に責任はないと家康は考えており、また、「鐘をば銘をすりつぶしそうらえとの御内証」とあるように、問題の銘をすりつぶせばよいとの内意もあったことを崇伝は板倉勝重に書状で伝えている（『本光国師日記』八月二十二日条）。

さらに、「おのおの談合そうらいて、江戸様《(徳川秀忠)》と秀頼公と以来疎意なきように、江戸様へ御意を得られそうろうようにと仰せ出だ」すと、同じく崇伝が板倉勝重に送った書状（『本光国師日記』九月八日条）にみえるように、家康は、「江戸様」徳川秀忠と秀頼とがより親密になるよう大坂にて談合することをもとめ、それをうけて「市殿も安堵」したようすだったという。

このように、片桐且元が「駿府において無事御礼あい済ま」したことは、九月十七日には京都に伝わっており（『時慶記』同日条）、そして、翌十八日に且元は「大坂へ下向」して（同上九月十八日条）、秀頼らに対面したと考えられる。山科言緒《やましなときお》の日記『言緒卿記』九月二十七日条によれば、その結果は、つぎのようなものとして京都へ伝わってきたことが知られる。

大坂片桐市正(且元)、秀頼公の前大樹(徳川家康)へ使いつかまつり悪しきよしそうらいて、御意に背くよしなり、

片桐且元がどのような内容を秀頼らに語ったのかまでを読みとることはできない[19]。しかしながら、首尾は「悪し」く、秀頼の「御意に背く」ものだったという。これと同じような内容は、『舜旧記』九月二十六日条にもみえ、そこでは、秀頼が「かえって反逆のよし仰せ出だ」し、「片市正(片桐且元)・同主膳(貞隆)切腹せらるべし」と、片桐且元・貞隆《さだたか》兄弟に「切腹」をせまる事態にまでいたったと『義演准后日記』同日条は伝えている。

ゆゆしきことがおこっていたわけだが、板倉勝重が九月二十八日に本多忠政に送った書状(『大伴来目雄氏所蔵文書』)には、「二十三日に市正を切り申すべき談合、津田左門(頼長)・大野修理(治長)、雑言《ぞうごん》つかまつる」とあり、片桐且元らに「切腹」をせまり、「切」り殺そうと談合していたのは、秀頼に近侍する津《つ》田《だ》頼《より》長《なが》(織田長益《ながます》の子[20])や大野《おおの》治長《はるなが》らだったことがあきらかとなろう。

大坂・京都動揺

このような動きに接し片桐且元・貞隆兄弟は命の危険を感じたのであろう、『時慶記』十月朔日条に「市正《（片桐且元）》・主膳《（片桐貞隆）》は茨木へ退く」とあるように、「茨木」城へのがれた。また、この大坂のようすを耳にした家康は、「大坂本丸衆と片市正《（片桐且元）》と出入出来のよしにそうろう、ようすにより、大御所《（徳川家康）》様これより御上洛なさるべきとの御内証」とあるように、津田頼長・大野治長ら「大坂本丸衆」と片桐且元のあいだでおこった「出入」（もめごと）の「ようすにより」「上洛」する「御内証」（内意）を示したという（『本光国師日記』十月朔日条）。

すぐる十五年まえの慶長四年（一五九九）閏三月、石田三成と「七人大名衆」との「申し合い」により三成が「腹切」をせまられ、それを家康が仲裁したことが思いおこされる。あるいはまた、今回も同じような目的で上洛を決意したのかもしれない。

しかしながら、慶長四年のときに家康がいた伏見と今回の駿府とでは、あまりにも大坂・京都とのあいだの距離にへだたりがあった。このような距離のへだたりは、そのまま時間のへだたりとしてもあらわれ、その結果、同じ十月朔日には、「秀頼公籠城の用意あり、今日伊賀守《（板倉勝重）》駿府へ注進七ヶ条あり」（『言緒卿記』十月朔日条）と、秀頼が大坂城に「籠城の用意」があるとして「注進」（急ぎの報告）が駿府になされることになる。

この「注進」がいつ駿府へ到着したのかについてはさだかでないが、十月四日付けで江戸にいた秀忠の年寄衆が真田《さなだ》信之《のぶゆき》に送った書状（『真田家文書』）には、「大坂において片桐市正（且元）と大野修理（治長）申し分これあ」り、「彼の地ことのほかさわぎ申すのよし、板倉伊賀守（勝重）方より御注進」が到来したため「駿府も御陣触れ」したとみえる。したがって、十月四日以前に家康が「御陣触れ」したことは確実であろう。

通説では、これによって家康は大坂攻めを決意したとされているが、同時代史料をみるかぎりでは、ただちに大坂城を攻撃するとは書かれておらず、「ことのほかさわ」ぐ大坂を沈静化させることにまずは主眼があったようにも思われる。

もっとも、仮に家康が右のように考えていたとしても、駿府より上洛するという話がひとたび伝われば、距離と時間のへだたりもわざわいして、京都や大坂では、関東の軍勢が攻め上ってくるとうけとめられたとしてもしかたがなかったであろう。

それを裏づけるように、『言緒卿記』十月八日条には、つぎのような記事がみられる。

この二、三日中、洛中の預物勝計《しょうけい》すべからざるなり、伊州（板倉勝重）のものども、洛中へ預物入れ申すこ

> と、しかるべからざるよし申す、今日より停止《ちょうじ》なり、洛中町々の門、夜中に通すべからず、ただし、板倉伊州のものと名乗りそうらわば、通すべし、また、預物かたく禁制、在々郷々の悪人、洛中入るべからざるのよし、所々に札を打つなり、伊賀守《（板倉勝重）》判なり、

これによれば、十月上旬に洛中（京中）へ預物をするものが数えきれないほどに増えたため、所司代の板倉勝重配下のものたちによって八日より預物を禁止する旨が触れられたという。また、洛中の町々に構えられていた「門」（釘貫、木戸門）も「夜中」には閉じ、勝重配下のもの以外は通さないよう命じられたことも知られる。そればかりか、「在々郷々の悪人」が洛中に入ることを禁じる、勝重の「判」（花押）が据えられた「札」（禁制）も所々に打たれたことがあきらかとなろう。

十月上旬ごろでは、京都周辺で軍勢のすがたを目にすることなど、まだなかったにちがいない。にもかかわらず、人びとは大事なものを預物として洛中へと避難させはじめていたことが知られる。おそらくそれによってさらに動揺がひろがり、治安が悪化していくのをおそれ、板倉勝重は、預物や夜間出入り禁止を禁制にして周知せざるをえなかったのであろう。

伊勢踊

戦乱の気配を人びとが敏感に感じとっていたようすがうかがわれるが、それはまた、つぎのようなかたちでもあらわれていた。

> 太神宮神軍《かみいくさ》あり、勝御《しょうぎょ》せしむるのゆえ、伊勢より躍《おどり》をはじめ、京中町々、町ごと四五十人ずつ躍らせしむる、

これは、『孝亮宿祢記』九月二十三日条にみえる記事である。「太神宮」（伊勢神宮）で「神軍」（神々のいくさ）があり、「勝御」（勝利）したため伊勢より踊がはじまり、「京中」（洛中）の町々でも町ごとに四、五十人による踊がはじまったという。

ここにみえる「神軍」が具体的に何を意味しているのかについてはさだかでないが、これに類似した記事は複数の日記でも確認できる。たとえば、『義演准后日記』九月二十四日条によれば、「伊州《（伊賀）》より躍はじまりて、江州在々躍り来たりて、山科七郷ことごとく躍り、洛中毎日風流七月に異ならず」と、伊賀国から近江国、そして山科へと踊が伝播し、「洛中」では七月の風流踊のように毎日おこなわ

れたという。

なお、踊の集団は、町々でみられただけではなく、「禁中」（内裏）「内侍所《ないしどころ》」（三種の神器のひとつ神鏡を安置した施設）の「前にて踊」り、また、「仙洞《せんとう》、女院御所《にょいんごしょ》へ参」っている（『言緒卿記』九月二十四日条）。そればかりか、月がかわってもおさまらず、「祇園社、五条神明《しんめい》社、御霊社、豊国社、稲荷社」など「諸社へ躍り参」り、さらには、「京都奉行伊賀守《（板倉勝重）》宅へ躍り参」ったという（『舜旧記』十月二日条）。

通常の盂蘭盆の時期におこなわれる風流踊とくらべても、かなり長期間にわたってつづいたことが知られる。また、京中で踊がはじまった九月二十三日ころといえば、おりしも片桐且元が駿府より大坂へ下向した時期にあたる。先にみたように、この時期を境にして大坂城内では不穏な空気が一気に高まっていったわけだが、そのようないきさつを町人たちが知るよしはなかったであろう。

にもかかわらず、町々による踊の集団が、関係者のひとりでもある板倉勝重の「宅」（宿所）にまでおとずれているという事実をふまえたとき、後世のものながら、「これ大坂冬陣の前なれば、乱逆のきざしを知ろしめたまう神の託なりと、陣後に沙汰しけるとなり」（『高山公実録』）との一節は、当時の雰囲気を伝えているものとみてよいのかもしれない。過ぎ去ろうとしない「戦国」という過去が、およそ十五年ぶりに頭をもちあげようとしていたことを人びとは感じとっていたといえよう。

二条城の家康、伏見城の秀忠

家康が駿府を出立したのは、十月十一日であり（『孝亮宿祢記』十月十三日条）、上洛したのは二十三日であったが、そのさい「公家衆おのおの御迎え」に「山科郷まで参」ったことが知られる（『言緒卿記』同日条）。そして、二十三日のうちに「二条御城に着」く（『鹿苑日録』同日条）。

そのあいだにあたる十月十五日には、片桐且元らが退いていた「茨木の城、大坂より責めらるのよしそうらいて、加勢京より指しくだされ」（『言緒卿記』同日条）ると、茨木城が大坂方により攻撃され、京都から「加勢」がくだったとのうわさもながれている。

また、同じ十五日には、「和泉堺において、大御所方片桐市正《(且元)》より人数三百余これを出だす、秀頼方より合戦、残らず討ち取らせしむと云々、大野修理《(治長)》大将としてこれを討ちとる」（『孝亮宿祢記』同日条）と伝えられているように、和泉の堺において片桐且元の軍勢が「大御所方」として「秀頼方」と「合戦」におよんだことも知られる。「秀頼方」の「大将」は「大坂本丸衆」の大野治長であったが、軍事的な衝突がついにおこったことがあきらかとなろう。

これをうけ、家康はただちに行動に移したのかといえば、かならずしもそうとはいえない。京都に到着した翌二十四日に片桐且元を「御前」へ召し、「大坂のようすども御尋ねなされ」（『本光国師日記』

十月二十四日条）たことぐらいしか同時代史料では確認できないからである。

その後は二条城に腰をすえ、公家衆や大名らの御礼（あいさつ）をうけつつ、京都を出立するのは十一月十五日となる（『孝亮宿祢記』同日条）。そのあいだ、およそ二十日あまりにわたって家康は京都に滞在することになったわけだが、その背景としては、秀忠が伏見城に到着（『時慶記』十一月十日条）するのを待っていたということも考えられる。

しかしながら、十一月一日に「摂家方」が二条城に御礼に来たさい、家康は「鷹司《たかつかさ》（信房）太閤御所・同関白（信尚）殿」とは「御対面」せず、その理由が「大仏供養のとき、関白御出仕の御案内これなく」「彼の御宿意による」（『孝亮宿祢記』三日条）ものであったと伝えられていることからすれば、大仏供養が延期となった一因に公家衆や朝儀の存在があったことを知らしめる目的もあったのではないだろうか。

また、それとあわせて、今回の秀頼方との対決が、かつての関ヶ原合戦のときのように「関東と京都の御弓箭」ではなく、京都をかかえこんだ関東と大坂との御弓箭とするためにも一定期間京都に滞在し、そして、二条城から家康が、伏見城から秀忠が出陣するすがたをみせる必要があったように思われる。

実際、十月二十五日に勅使が二条城につかわされたことによって、「事実上、天皇が家康の側に立ったことを意味している[21]」とみられており、はからずもめぐってきた「関東と京都の御弓箭」の続編は、

図 20　徳川家康像（東京大学史料編纂所蔵・模写）

関東・京都と大坂との御弓箭としてすすめられたといえよう。

ゆるゆると御攻め

秀忠が到着してから五日後の十一月十五日、「将軍大御所《（徳川家康）》、二条城より御陣替」し、「江戸の将軍《（徳川秀忠）》、伏見城より」「御陣替」する（『孝亮宿祢記』同日条）。『義演准后日記』同日条には、家康は、「七十余歳におよばれ」ながらも「鎧を着御《ちゃくぎょ》」しての「御動座」であり、「日本残らず前陣・後陣ことごとく供奉」したと記されている。まさに「日本」（日本国中の武士という意味か）を率いての出陣という印象を植えつけるのに十分なものだったことがあきらかとなろう。

『時慶記』十一月十八日条によれば、「前将軍《（徳川家康）》は今日住吉に到」り、「社務住所、城郭に」（『中臣祐範記』十一月十七日条）して本陣としたという。また、家康・秀忠方に参陣した吉川広家《きっかわひろいえ》が十一月二十八日に出した書状（『吉川家文書』）によれば、「大坂御城四方とも惣人数取りまわされ」、「大坂四方の陣取り、ことごとく明きところこれなく」、その「御てだて」は、「付城《つけじろ》仰せ付けられそうらいて、ゆるゆると御攻めなさるべき」ものだったという。

大坂城を四方から包囲し、各地に付城（敵の城を攻めるとき、それと相対して築く城）をこしらえて「ゆるゆると御攻め」、無用な戦闘をさけようとしていたことがうかがえるが、同じ書状には、十一月二十八日段階で「着きそうろう人数三十万ほど」とあり、包囲する軍勢が三十万人ほどだったことも知られよう。

対して、大坂「城中」の軍勢は、「頭分の牢人衆」が「また牢人を抱え置く」といった牢人を中心とした編成であり、また、それだけでは足らなかったため「百姓なども、来年のいつごろまでと約束そうらいて、山越えそうらいて籠城」と吉川広家の書状にはみえる。

大坂城の周辺村落からなのであろうか、「百姓など」も期限付きで「約束」し動員しなければならなかったようすが知られるが、「淀川とそこから分流する神崎川・長柄《ながら》川に囲まれた地域をさ」す「中島」では、「秀頼様御用にまかり立ち、手柄つかまつり、たとい討ち死につかまつりそうろうとも、今生の思い出、末代にいたり名を上げ申す」などと記した起請文[22]を提出させられていたことも確認できる。おそらく百姓たちの籠城は、なかば強制的なものだったのであろう[23]。

また、籠城していたのは、百姓ばかりではなく、町人もいたようで、十一月二十九日から晦日におこった「天満と船場」(『義演准后日記』十一月晦日条)での合戦にさいしては、「町人・百姓ら、城より出でそうろうものを両手の指を切り」「城へ追い入れ」(『薩藩旧記増補』)られたという。

籠城し、大坂方として戦場に投げこまれた百姓や町人たちが「両手の指を切」られて、城へ追いいかえされたという、なんとも無残な仕打ちをうけていたことが知られるが、同じようなことは、極月十日付けで福島正則《ふくしままさのり》・加藤嘉明《かとうよしあき》・黒田長政《くろだながまさ》が連署して本多正純に送った書状（『池田文書』）のなかでも「彼の生けどり手の指を御切り、城中へ御入れなされ」た話を耳にしたと記している。籠城した百姓・町人たちへのこのような仕打ちは、おそらく家康や秀忠の指示によるものだったのであろう。戦国の習いとはいえ、なかば強制的に籠城させられた百姓や町人たちからすれば、迷惑このうえないことだったにちがいない。

十二月の合戦（冬の陣）

『義演准后日記』十二月三日条をみてみると、「去る夜大坂もってのほか鉄放（砲）の音聞こゆ」とあり、大坂での鉄砲の音が京都へも聞こえていたことが知られる。すぐる慶長五年（一六〇〇）八月の伏見城攻めのさいに醍醐や京都にも鉄砲の音がひびいていたことは先にみたとおりだが、それより距離のある大坂で放たれた鉄砲の音が聞こえるとは、夜間であったにせよ、相当の数の鉄砲がつかわれたことが想像されよう。

その翌日の十二月四日に京都へは、「去る四日、大坂表城責め、越前少将（松平忠直）勢四百八十騎、松平筑前（前田利光）勢三百騎死す、このほか雑兵死者その数を知らざるのよし風聞」が伝わっている（『孝亮宿祢記』十二月六日条）。「越前少将」松平忠直と「松平筑前」前田利光らの軍勢が「城責め」をおこなったものの、「四百八十騎」「三百騎」といった歴《れっき》とした侍のほか「雑兵」を含めた死者の「数を知らざる」ほどの被害をこうむったという。

同じことを『時慶記』十二月四日条も「寄衆《よせしゅう》人数多く損」と記しており、事実であったことが知られるが、「十二月四日、未明より真田丸掘端へ押し詰め」（『羽柴雄輔氏所蔵文書』）ともみえるから、「頭分の牢人衆」と考えられる「長曽我部祐夢（盛親）・真田左衛門佐（信繁）・仙石宗也（秀範）・明石掃部（全登）」（『本光国師日記』十月十九日条）のひとり、「真田左衛門佐（信繁）」[24]らが籠もる「真田丸」でのできごとだったのであろう。

このできごとと関係するのかどうかさだかでないものの、『本光国師日記』十二月九日条には、家康が「当月六日、茶臼山へ御陣替え」「掘構え御殿以下丈夫に出来」させ、「将軍様（徳川秀忠）御陣所岡山も同前」とみえる。

また、奈良のほうには、「日々御責めによりて、寄せ手人数よろず損害」が出るいっぽう、「大坂御城一段堅固のよし風聞」（『中臣祐範記』十二月十一日条）がながれてきている。奈良では、寄せ手の苦戦と大坂城の堅牢なようすが伝わっていたわけだが、他方、京都では雪も降りはじめていた（『時慶記』十二月十六日条）。

このような種々の事情も関係するのであろうか、京都では「大坂扱《あつかい》」ということばが日記（『時慶記』十二月十三日条、『義演准后日記』十二月十七日条）にみられるようになる。この場合の「扱」（噯）とは、調停や仲裁というより、和議や和与を意味するのであろう。

ただし、『義演准后日記』十二月十八日条には、「大坂扱破る」とみえ、話合いはなかなかうまくいかなかったようである。また、それとの関係はさだかでないものの、『時慶記』十二月十八日条に「大坂には鉄炮（砲）の音おびただしく、朱雀あたりへ聞く、少しも隙《ひま》なし」とあるように、おびただしい鉄砲の音が「少しも隙な」く京都へ聞こえたという。

大坂扱

結局のところ、「大坂の儀、十九日に御扱にあい済みそうろう」との文言が記された文書（『生間文書』）が残されていることから、「大坂扱」は十二月十九日にととのったようである。もっとも、十二月二十一日に崇伝が細川忠興に送った書状（『本光国師日記』同日条）には、「城中よりさまざま御侘言《わびごと》の筋目ござそうらいて、惣構の堀・二の丸の堀、いずれも埋めそうらいて、本丸ばかりにて、そのうえ、いかようとも、大御所（徳川家康）様上意次第とのとおりにあい済み申しそうろう」とみえる。

「大坂扱」は、大坂方からの「御侘言」（請願、あるいは謝罪）によるものであり、その証として「惣構の堀・二の丸の堀」を埋め、「本丸ばかり」としたうえで、家康の「上意次第」にゆだねるといった、事実上の降伏ともいえる内容であった。

実際、十二月二十三日に崇伝が板倉勝重に送った書状（『本光国師日記』同日条）には、「御赦免にあい済み」と記されている。家康側の発言ということも考慮しなければならないものの、「惣構の堀・二の丸の堀」を埋め、「本丸ばかり」になるという事実をふまえたとき、大坂方が戦う意志を放棄したとみなされてもしかたがなかったであろう。

ちなみに、同じ書状には、京都より「伝奏衆両人御くだ」ってきたものの、家康は「御対面これなかった」と記されている。「伝奏衆両人」とは、『孝亮宿祢記』十二月十五日条にみえる「将軍家と秀頼和談のこと、公家より仰せ下さる、くだんの御使広橋《（兼勝）》大納言・西三条《（三条西実条）》大納言両人」を指すが、彼らは「公家《こうか》」（朝廷、天皇）から「将軍家と秀頼和談」をなすために下向してきたという。

これに対して家康は、「禁中よりの御扱は無用と御諚なされ」（『本光国師日記』二十三日条）ため伝奏衆とは対面しなかったが、今回の事態をひきおこすことになった大仏供養の延期に「公家」もまたかかわっていたとの理解に達していないようすに家康はあらためて苛立ちをおぼえたことであろう。

いずれにしても、「大坂扱」がととのったとの一報は、京都へも十二月二十一日に「大坂扱あいととのう」（『義演准后日記』同日条）といったかたちで伝わっている。そして、二十四日には、「大坂無事の説たしかに聞く、人質取り交わしこれあり、誓詞などの義これある」（『時慶記』同日条）と、「大坂無事」が決着したの情報もたしかにながれてくることになる。

大坂の百姓・町人らはもとより、京都の人びとも安堵の思いをなしたのではないかと考えられるが、「大坂扱」のありかたをみるに、今回もまた家康は、秀頼をほろぼすことまでは考えていなかったと理解するのが自然であろう。

二条城の秀忠

『言緒卿記』十二月二十五日条によれば、「武家大御所《（徳川家康）》、大坂秀頼公と和睦し、今日御帰陣、二条御城へ御着きなされ」とあり、「大坂扱」がととのってから六日後に家康は二条城へ帰陣したことがわかる。それに対して、「若将軍《（徳川秀忠）》はいまだ大坂に逗留」と『時慶記』十二月二十五日条にみえるように、秀忠は大坂へ滞在しつづけたことが知られる。

秀忠が大坂に滞在したのは、「惣構の堀・二の丸の堀」を埋めるのを差配するためだが、その作業は年を越え、慶長二十年（一六一五）正月十九日ごろまでかかったようである。『義演准后日記』正月十

図 21　徳川秀忠像（東京大学史料編纂所蔵・模写）

九日条に「将軍《(徳川秀忠)》大坂より伏見の城帰陣」とみえるからである。

家康は、元日を二条城でむかえ、正月二日には勅使をはじめとした公家衆の御礼をうけている（『言緒卿記』同日条）。そして、三日には駿府へと下向しているから（同上同日条）、秀忠が伏見城に到着したときには家康は京都を後にしていたことになろう。

二十四日には、「将軍秀忠公、伏見より二条城へ御成《おなり》」（『泰重卿記』同日条）と、秀忠は二条城へ入り、二十七日には、「八条殿《(智仁)》・伏見殿《(邦房)》・摂家・清花《せいが》衆・門跡・堂上衆残らずの御礼」（『舜旧記』同日条）とあるように、宮家をはじめとした公家衆の御礼をうけている。

そのようななか、「鷹司太閤《(信房)》殿下」とは秀忠は対面しなかったという。それは、「大仏供養につき出入これあり、去年大御所《(徳川家康)》御対面なし、よって今度将軍《(徳川秀忠)》にもその通りなり」と『義演准后日記』正月晦日条が伝えているように、家康と同様、大仏供養の延期に鷹司信房がかかわっていたためであった。

このように、家康や秀忠は、今回の事態をまねいた一因に公家衆の存在があることをくりかえし態度で示しつづけていた。しかしながら、それを公家衆のほうが理解していたのかどうかについては、また別問題となろう。公家衆への対応のむずかしさを痛感したのかどうかまではさだかでないが、秀忠は、翌二十八日に二条城を立ち、江戸へと下向する（『孝亮宿祢記』正月二十八日条）。

不穏な三月、四月

「大坂扱」がととのい、家康と秀忠が京都を後にして以降、二月中はめだった動きを史料から読みとることはできない。大坂はもとより、京都でも「大坂無事」がつづくことを人びとは願っていたのではないかと考えられるが、三月に入ると不穏な空気がただよい出すことになる。

たとえば、土御門《つちみかど》泰重《やすしげ》の日記『泰重卿記』三月十四日条には、つぎのような記事がみられる。

京中放火のよし雑説（中略）なにごともこれなし、

記事の内容としては、「京中」が放火されるとの「雑説」（うわさ）がながれたものの、なにごともなかった、というものとなる。どのような集団が放火をたくらんでいたのか、あるいはまた、まったくのデマだったのかについては、同時代史料でさだかにすることはできない。しかしながら、そのようなうわさがながれること自体、無事を願う人びとの思いとは裏腹に不穏な空気が「京中」にただよっていたことを示すものといえよう。

いっぽう、三月末になると、つぎのような話も京都で聞かれるようになる。

江戸・駿府出陣御支度と云々、
大御所《（徳川家康）》御上洛近日と云々、諸国陣触れと云々、

ともに『義演准后日記』にみえるものであり、前者が三月二十八日条、後者が三月晦日条の記事となる。江戸・駿府より秀忠と家康が「出陣」し、「御上洛」してくるといううわさがながれたわけだが、「出陣御支度」といい、「諸国陣触れ」といい、かなり具体的な内容だったことが読みとれよう。はたして、四月二日付けで崇伝が板倉勝重に送った書状（『本光国師日記』同日条）には、「上様《（徳川家康）》四日に当地を御立ちそうらいて、那《（名）》古屋へ御成なされそうろう、ようすにより、それより御上洛なさるべき」とみえ、家康が四月四日に駿府を立ち、名古屋へむかうとともに、「ようすにより」上洛する予定であったことが読みとれる。

およそ半年前に「大坂本丸衆と片市正《（片桐且元）》と出入」を耳にした家康が「ようすにより」上洛する「御内証」（内意）（『本光国師日記』慶長十九年十月朔日条）を示したことが思いかえされるが、おそらくこのときもまた、問題は大坂にあったと考えられよう。

家康・秀忠の上洛と京都騒動

それでは、その問題とは何だったのであろうか。この点については、伊達政宗が三月二十九日にしたためた書状（『留守文書』）から読みとることができる。

それによれば、「去年より抱え置」く「牢人」を「一人も」追い払わないばかりか、「種々弓箭の用意」をしているとの話を耳にした「両御所様」（家康と秀忠）は、「大坂へ御使者」をつかわして、「大和か、伊勢か両国間をすすめ」るので、「大坂をすみやかに明け渡」すよう、あるいはまた、「大坂に今の躰《てい》にて」ありたいのであれば、「抱え置」く「牢人どもことごとく」追い払い、「もとの御家中までに」もどすようにと「仰せ出ださ」れたのだという。

ここからは、「大坂扱」がととのって以降もなお、大坂城には牢人が滞在しており、それによって「御家中」の躰をなしていなかったことがわかる。また、それを解決するためには、秀頼らが「大坂をすみやかに明け渡」し、「大和か、伊勢」などへ移るほかないとの方策も示されていたことが読みとれよう。

大坂では、もはや大名家として家中をたもつこともむずかしくなっていたようすがうかがわれるが、見方によれば、その立て直しのために最後の機会を家康と秀忠はあたえようとしていたとみることもできる。そして、その解決策に対する「大坂よりの御返答聞こし召しとどけらる」目的で家康は「来る二日、駿河を御立ち、尾張名護（古）屋の御城まで御座なされ」ると政宗の書状には記されている。

家康が実際に駿府を立ったのは、四月二日ではなく四日となるが（『本光国師日記』四月四日条）、政宗の書状によるかぎり、通説で語られているように、初手から家康は秀頼をほろぼす目的で上洛しようとしたわけではなかったと思われる。「大坂をすみやかに明け渡」せば、無用な合戦などせず、関ヶ原合戦以来の「関東と京都の御弓箭」に決着をつけることができると家康は考えていたと読みとりたいが、そのようなみかたは、あまりにも甘すぎるであろうか。

いずれにしても、これに対して大坂方が「返答」をした形跡はみられない。それゆえであろうか、『義演准后日記』卯月朔日条に「勢州衆、来る四日伏見にいたり着陣と云々、京伏見物忩《ぶっそう》」とあるように、本多忠政や松平忠明ら「勢州衆」（伊勢の軍勢）が伏見に「着陣」するとの報が伝わっている。同じような情報は、中院通村《なかのいんみちむら》の日記『通村公記』慶長二十年条にも「四月はじめころより、京中もってのほか騒動（中略）大坂城攻めらるべし」とみえ、「京中」が大騒動になっていたことがあきらかとなろう。

「大坂城攻め」は必至とみられていたわけだが、となれば、人びとがまっ先にとる行動とは、これまで何度もみてきたように、「預物」をおこなうことであった。実際、『義演准后日記』四月十四日条によれば、「昨日より大坂錯乱御用意のよし風聞」がながれたため「諸方預物」がみられ、十七日条にいたっては、「京都預物正躰《しょうたい》なし」と、混乱をきわめる状態になっていたという。

　そのような混乱状態に陥っているさなかの四月十八日に「前将軍《（徳川家康）》御上洛」するが、これにより、「洛中」では、家康が「大坂秀頼公責め上げなさるのよし説」が確信的なものとなり、その結果、「騒動もってのほか」（『言緒卿記』同日条）にも拍車がかかっていくことになった。なお、それから三日後の四月二十一日に「江戸将軍様《（徳川秀忠）》、伏見へ御上着なり」（同上同日条）と、秀忠も伏見城へ到着する。こうして、二条城に家康、伏見城に秀忠と、両御所がふたたび揃い踏みすることとなった。

大和郡山放火、京都放火未遂

『孝亮宿祢記』四月二十三日条によれば、「将軍伏見より二条城大御所亭に入らせしめたまう、大坂のこと仰せ談ぜらるのよし風聞」と、この日、秀忠が伏見城から二条城をおとずれ、家康と「大坂のこと」について談合したとの「風聞」がながれている。

　実際に秀忠が二条城に来たのは前日の二十二日だったようだが（『言緒卿記』『舜旧記』同日条）、いよいよ「大坂城攻め」がはじまろうとしていたことが知られよう。そのようななか、『中臣祐範記』四月

図 22　豊臣秀頼像（東京大学史料編纂所蔵・模写）

二十六日条に「未明に大坂より人数あい越され、郡山放火、そのほか南方まで在々焼き払う」とみえるように、明け方に大坂より「人数」（軍勢）が到来し、大和郡山を放火、さらにその「南方」の「在々」（村々）まで焼き払うという事件がおこる。

『孝亮宿祢記』四月二十九日条によれば、「大坂より人数二万人ばかり」であり、「大和国法隆寺ならびに西京《にしのきょう》以下」を焼き払ったというが、『中臣祐範記』にみえる「南方まで在々」とは、「法隆寺ならびに西京」にあたるのであろう。法隆寺門前郷や西京の村々が焼き払われたわけだが、『言緒卿記』四月二十七日条に「昨日大坂秀頼公より郡山・法立（隆）寺焼かる」と記されているように、今回の放火が大坂方のしわざであることはもはやあきらかであった。

翌二十八日には、堺も放火され（『泰重卿記』五月二日条）、二十九日には、京都でつぎのような事件もおこっている。

大坂より四五百人出洛、板倉伊賀守（勝重）宅焼き払わんとせんところ、還《かえ》り忠《ちゅう》あるもの、火付け大概露顕、これを搦《から》め取ると云々、

これは、『孝亮宿祢記』四月二十九日条に記されたものだが、板倉勝重の「宅」（宿所）を焼き払お

図 23　大坂城（「大坂城図屏風」部分　大阪城天守閣蔵）

うと大坂より「四五百人」が上洛したものの、「還り忠」（返忠、裏切り）が出たため事前に「露顕」し、放火犯たちは「搦め取」られたという。『泰重卿記』四月三十日条によれば、「大坂より火付け三百人ばかり京都に隠れお」り、計画的な犯行だったことがあきらかになるとともに、搦め取られたのが「三十人ばかり」だったことも判明する。

ちなみに、五月朔日付けで崇伝が細川忠興に送った書状（『本光国師日記』同日条）には、「大坂のようす、方々一揆をあいもよおし、（中略）京中にも大勢その衆」と、京都に潜入していた放火犯たちが、正規軍というよりも「一揆」のものたちであり、その計画も家康が「御出馬の以後、洛中洛外焼きたて申すべき旨、手はず」という大規模なものであったが、内部から「訴人」が出たため「御糺明のうえ、御成敗仰せ付けられ」たと記されている。

類似したことは、大和郡山の放火についても「大和あたり少々一揆これあり、郡山をば昨二十七日に焼き申す」（『本光国師日記』四月二十八日条）とみえる。無差別攻撃ともいうべき大坂方のふるまいは、一種のテロ活動のようなものであり、おそらくはこのような事態もうけてのことであろう、家康と秀忠は、五月五日ついに「大坂表」へと出陣する（『泰重卿記』同日条）。

二日間の合戦（夏の陣）

大坂ではじまった合戦のようすについては、比較的短時間で京都へも伝えられたと考えられる。たとえば、家康と秀忠が京都を出立した翌六日には、つぎのような情報がもたらされている。

今日、井伊の掃部（直孝）、東道（藤堂）和泉守（高虎）両人、大坂の前手《さきて》追いくずし、明石掃部（全登）、木村長門（重成）討ち取り、後藤又兵衛（基次）、正宗（伊達政宗）手にて討ち取りおわんぬ、

これは、『言緒卿記』五月六日条にみえる記事だが、ここからは、井伊《いい》直孝《なおたか》と藤堂《とうどう》高虎《たかとら》の軍勢が大坂方の「前手」（先陣）をくずし、明石全登と木村重成《しげなり》を討ち取り、同じように、伊達政宗の軍勢も後藤基次を討ち取ったことが読みとれよう。

本丸ばかりとなった大坂城に籠城することはもはやかなわず、大坂方は大名衆の軍勢との合戦を余儀なくされ、その結果、明石や後藤ら「頭分の牢人衆」もあっけなく討ち死にするという、大敗北を喫したわけだが、『泰重卿記』五月六日条にも「大坂表にて大合戦これあるのよし申しそうろう、大坂衆敗北のよし申しそうろう」と、「大坂衆」の「敗北」がその日のうちに京都へ伝わっていたことが知

られる。
翌五月七日になると、「大坂表において合戦のよし申す、焼煙ことのほかに見ゆ」（『舜旧記』同日条）と、京都からも「大坂表」の煙がみえたといい、同じようなことは、『義演准后日記』五月七日条にも記されており、「午の刻、大坂焼煙見つけ」と、正午ごろに「大坂焼煙」をのぞむことができたとされている。

さらには、「未の刻ばかり落城のよし風聞」と、「未の刻ばかり」（午後二時ごろ）には落城したとの「風聞」（うわさ）も伝わっている（『義演准后日記』五月七日条）。もっとも、そのいっぽうで、『言緒卿記』五月七日条には、「天王寺にてたびたび真田武辺《ぶへん》」とみえ、真田勢の「武辺」（戦場で勇敢に敵と戦うこと）により「将軍様方本多出雲《（忠朝）》・小笠原父子《（秀政・忠脩）》、そのほか数人討ち死に」したという。しかしながら、真田も「その後討ち死に」する。

そして、「藤堂和泉《（高虎）》・伊井掃部《（井伊直孝）》付け入り、火かけ、二丸より本丸に火付け、焼き払い、あまた討ち死に数を知らず」と『義演准后日記』五月八日条が記しているように、大坂城は本丸まで攻め込まれ、火がかけられる。

ついに落城となったわけだが、土御門泰重が「火の手あがり申しそうろうを清涼殿屋根より見物」（『泰重卿記』五月七日条）したというのは、おそらくこのときのことだったのであろう。その火は、「昼の八つ時」（午後三時ころ）より「夜半時分まで」みえたといい、『義演准后日記』五月七日条にも「夜中なお火見ゆ」と記されているから、事実であったと考えられる。

こうして、いわゆる夏の陣は、実質二日間という短期間の合戦で終結する。とはいえ、遠く大坂方面からあがる火の手をかたずをのんで見守っていた京都の人びとの恐怖はといえば、想像するにあまりあるものであったにちがいない。

秀頼の死

五月七日の落城後もなお、秀頼は命をながらえていたが、翌八日につぎのような結末をむかえたことが『本光国師日記』五月八日条からあきらかとなる。

大坂城中の焼け残りの唐物倉に秀頼ならびに御袋・大野修理（治長）・早水甲斐守（速水守久）以下、付け女中衆あまた籠居し降《こう》を乞う、伊々掃部（井伊直孝）・安藤対馬（重信）検使としてあい詰め、倉へ鉄炮（砲）放ちかけ、いずれも残らず生害《しょうがい》し、火をかけるなり、秀頼は、「焼け残りの唐物倉」のなかで「御袋」（淀殿）や大野治長らとともに「籠居」していた。そして、「降を乞う」（降参）たものの、ゆるされず、倉へ鉄砲が放たれたため全員が「生害」（自害）し、倉に火をかけほろんだという。

こうして、関ヶ原合戦以来の「関東と京都の御弓箭」は、秀頼の死によってひとつの逢着点へとたどりつくことになる。その日、家康が大坂から上洛し、二条城に入ったことを耳にした小槻孝亮は、その日記『孝亮宿祢記』五月八日条に「天下泰平のもとい、人びと安堵せしむるものなり」とつづっているが、たしかにこれによって、「天下泰平」のいしずえが築かれると思い、人びとが安堵したことはまちがいないであろう。その翌九日に、秀忠も大坂から伏見城に入ることになる（『言緒卿記』同日条）。

（1）横田冬彦「中井正清―棟梁たちをひきいた大工頭―」（『講座日本技術の社会史』別巻Ⅰ、日本評論社、一九八六年）。なお、大仏再建から大坂の陣にかけて中井正清と諸方面とのあいだでかわされた文書については、高橋正彦編『大工頭中井家文書』（慶応通信、一九八三年）、『大坂の陣と大坂城・四天王寺・住吉大社の建築　世界遺産をつくった大工棟梁―中井大和守の仕事（Ⅱ）』（大阪市立住まいのミュージアム（大阪くらしの今昔館）、二〇一二年）参照。

（2）登谷伸宏『近世の公家社会と京都―集住のかたちと都市社会―』（思文閣出版、二〇一五年）。

（3）河内将芳『秀吉の大仏造立』（法藏館、二〇〇八年）。発掘調査の成果によれば、「大仏殿基壇東辺は、慶長期の再建に際して天正期の基壇東辺に約〇・九メートルの幅で積み足して、東側に拡張」（『京都市内遺跡発掘調査報告　平成二十五年度』京都市文化市民局、二〇一四年）されたことが確認できたとされている。

（4）岡本真理子・渡辺勝彦・内藤昌「『愚子見記』の成立」（『日本建築学会計画系論文報告集』三六九号、一九八六年）、内藤昌編著『愚子見記の研究』（井上書院、一九八八年）、『愚子見記』（井上書院、一九八八年）、内藤昌校注『注釈愚子見記』（井上書院、一九八八年）。

（5）「発掘ニュース四七　京の大仏さん―方広寺大仏殿跡の調査―」（リーフレット京都　No.一五一）（京都市埋蔵文化財研究所・京都市考古資料館、二〇〇一年八月）。『京都市埋蔵文化財研究所発掘調査報告　二〇〇九―八　法住寺殿跡・六波羅政庁跡・方広寺跡』（二〇一〇年）。長宗繁一「大仏殿復元試案―発掘調査成果からのアプローチ―」（『日本史研究』六九八号、二〇二〇年）。

（6）張洋一「東京国立博物館保管「京都大仏雛形」について―寛文期方広寺大仏の再興に関連して―」（『ＭＵＳＥＵＭ』五五四号、一九九八年）。

（7）華厳宗大本山東大寺ホームページ参照。

（8）曽根勇二「京都方広寺鐘鋳の鋳物師動員について―「豊臣体制」解体と職人―」（『白山史学』二〇号、一九八二年）。

（9）香取忠彦「方広寺の梵鐘」（新指定重要文化財研究・紹介）（『ＭＵＳＥＵＭ』二〇八号、一九六八年）。

（10）村和明「近世の武家伝奏の登場」（神田裕里編著『伝奏と呼ばれた人々―公武交渉人の七百年史―』ミネルヴァ書房、二〇一七年）。
（11）吉田洋子「豊臣秀頼と朝廷」（『ヒストリア』一九六号、二〇〇五年）。
（12）河内前掲『秀吉の大仏造立』参照。
（13）吉田氏前掲「豊臣秀頼と朝廷」参照。
（14）吉田氏前掲「豊臣秀頼と朝廷」によって、慶長十九年八月におこなわれるはずであった大仏供養に関する文書であることがあきらかにされている。
（15）吉田氏前掲「豊臣秀頼と朝廷」参照。
（16）吉田氏前掲「豊臣秀頼と朝廷」参照。
（17）河内前掲『秀吉の大仏造立』参照。
（18）藤井譲治『徳川家康』（吉川弘文館、二〇二〇年）。
（19）曽根勇二『片桐且元』（吉川弘文館、二〇〇一年）では、いわゆる「三ヵ条」（秀頼の国替え、秀頼の参勤、淀殿の人質）が且元の「まったくの〝私案〟でしかなかった」とされている。また、且元と淀殿との関係とその交流については、黒田基樹『羽柴家崩壊―茶々と片桐且元の懊悩―』（平凡社、二〇一七年）参照。
（20）黒田氏前掲『羽柴家崩壊―茶々と片桐且元の懊悩―』参照。
（21）藤井譲治『天皇の歴史　5　天皇と天下人』（講談社学術文庫、二〇一八年）。

（22）宮本裕次「大坂の陣と周辺村落―地域社会における対立と領主権力―」（『大阪城天守閣紀要』三二号、二〇〇四年）。

（23）谷徹也「関ヶ原の戦いから大坂の陣へ」（堀新・井上泰至編『秀吉の虚像と実像』笠間書院、二〇一六年）。

（24）真田左衛門佐については、平山優『真田信繁―幸村と呼ばれた男の真実―』（角川選書、二〇一五年）参照。

おわりに―大仏は残った―

秀頼がほろんだ五月八日に上洛した家康と、その翌九日に上洛した秀忠は、そこからただちに関東に下向したのかといえば、そうではなかった。秀忠はそれからおよそ三ヵ月半ほど伏見城に滞在し、家康にいたっては、およそ四ヵ月ほど二条城に滞在したことが確認できるからである。[1]

ここからも、今回の上洛が、ただ単に秀頼をほろぼすことを目的としたものではなかったことがうかがえる。実際、この在京期間に家康と秀忠によっておこなわれた施策は、いずれも教科書に載るような、政権の基盤となるようなものばかりとなった。

たとえば、七月七日に秀忠は、「伏見城において御能」(『孝亮宿祢記』同日条)を興行したが、その「御能以前に天下諸大名、御前へ召し寄せられ、種々御法度仰せ出だされ」(『言緒卿記』同日条)たことが知られている。この「御法度」こそ、「武家諸法度」にほかならない。

また、七月十三日には、「慶長二十年を改め、元和元年となす」(『孝亮宿祢記』同日条)改元がおこなわれ、およそ二十年にわたる慶長という時代がおわりを告げ、元和の時代がはじまることになった。

今回の改元については、すでに五月二十九日の段階で「改元あるべきの旨、大御所《（徳川家康）》より申さる」(『孝亮宿祢記』同日条）とあるように、家康の意向によるものであったことが知られるが、選定された「元和」という元号は、『改元勘文《かいげんかんもん》』によれば、「唐憲宗《けんそう》の元号」であり、「それは、内乱を平定した憲宗の治世になぞらえ、国内を平定したことを宣言するものであった[2]」という。

それから四日たった七月十七日、家康が「二条御城御能」（『泰重卿記』同日条）を興行するまえに「公家中法度あい定めら」れる（『義演准后日記』同日条）。「禁中ならびに公家中諸法度[3]」がこれである。

そのさい、伏見城より「将軍《（徳川秀忠）》御上洛」し、「御判あそばさ」れたが、「日下《にっか》」（年月日の下）には「二条殿《（二条昭実）》」、そして「大御所《（徳川家康）》御判」（『義演准后日記』七月十七日条）と、前関白二条昭実《あきざね》・秀忠・家康の順に連署、花押（判）がすえられた（同上）。

ここに現職の関白鷹司信尚《のぶひさ》の名がみられないのは、「禁中ならびに公家中諸法度」に「摂家たるといえども、その器用なくんば、三公・摂関に任ぜらるべからず」とあるように、「器用」がないとみられたためであろうか。

あるいは、「大仏供養のとき、関白御出仕の御案内これなく」「彼の御宿意」（『孝亮宿祢記』慶長十九年十一月三日条）が、なおも家康や秀忠のなかにくすぶっていたためであろうか。いずれにしても、『義演准后日記』七月二十七日条に「明日二条殿《（二条昭実）》関白宣下」とあるように、鷹司信尚は関白を辞任し、二条昭実が翌二十八日に関白に再任されることになる。

秀忠は、これより先、七月十九日に伏見城を立ち、江戸へと下向するが（『言緒卿記』同日条）、同月三十日には、「清涼殿」に「諸家・諸門残らず出仕」し、「大御所《（徳川家康）》出ださる法度」、すなわち「禁中ならびに公家中諸法度」を「両伝奏」が「披露、おのおの耳を傾け聞」いたという（『義演准后日記』七月晦日条）。こうして、「禁中ならびに公家中諸法度」は広く知られることになった。

それから四日経った八月四日、家康は、およそ四ヵ月にわたる在京生活をおえて、二条城を立ち、駿府へとむかう（『言緒卿記』同日条）。家康は、翌元和二年（一六一六）四月十七日に亡くなるから（『舜旧記』同日条）、今回が最後の上洛となった。

さて、家康と秀忠が在京しているあいだの七月十日、『義演准后日記』同日条に「豊国大明神社頭毀《こぼ》ち申すべきよし」とみえるように、豊国社の破却が仰せ出される。また、それだけではなく、大仏住持であった「照高院」も「欠所」（所職や所領の没収）となった（『義演准后日記』七月十日条）。

これによって、大仏も、豊国社とともに破却される運命にあったかのようにみえるが、じつはそうではなかった。たとえば、『舜旧記』七月九日条には、「豊国大明神の御こと、大仏殿の内に移され、社頭をば一円に壊さる」とみえ、「豊国大明神」（御神体か）が「大仏殿の内に移」され、また、『華頂《かちょう》要略《ようりゃく》』に妙法院門跡「常胤《じょういん》法親王」が「慶長二十年七月九日、さらに大仏殿住持たり」と記されるように、照高院門跡にかわり「大仏殿住持」になったことが知られるからである。

要するに、大仏は残った。また、それだけではなく、問題とされた銘が刻まれた鐘も、棟札が打たれたであろう大仏殿もすべて残された。ここからは、通説でいわれてきたように、いわゆる鐘銘事件に問題があったのではなく、むしろ大仏供養を延期せざるをえなかった、さまざまな事情にこそ核心があったことがうきぼりとなってくる。これまでもくりかえしふれてきたように、秀吉没後、残された政権の施策としてはじめられた大仏本尊造立と大仏鎮守建立を主導してきたのは、ほかならぬ家康だったからである。

もっとも、秀頼がほろんだ以上、秀吉を神として祝う豊国社を大仏鎮守として残すわけにはいかなかった。同様に、「太閤様御先祖」の「御弔《とむらい》」を目的とする大仏千僧会もつづけることはゆるされず、慶長二十年（一六一五）三月を最後にその執行を確認することはできなくなる。[4] そして、会場である大仏経堂も、「大坂落城ののち、元和七、八のころ、南光坊申し請われ、坂本へ引かれ」（『法流故実条々秘録[5]』）たという。

以上、本書では、秀吉が亡くなって以降、慶長という年号が冠された時代について、京都東山に造立された大仏（大仏殿と本尊）とその変遷に座標をおきながらみてきた。あらためて内容をくりかえすことはしないが、そのなかで関ヶ原合戦にかかわって登場してきた「関東と京都の御弓箭[6]」というこ

図24　二条城（「洛中洛外図屏風」部分　堺市博物館蔵）

とばにも注目し、それを重ねるかたちでながめてきた。そこで最後に、この点についてふれることで、おわりにしようと思う。

通常、関ヶ原合戦といえば、東軍と西軍ということばが思いうかぶ。しかしながら、よく知られているように、東軍も西軍も当時つかわれたことばではない。それとくらべて、「関東と京都の御弓箭」は、当事者のひとりである島津惟新（義弘）の書状にみえることばである。

そもそも、家康は、秀吉没後、伏見城や大坂城など、いわば広義の京都を拠点に残された政権関係者のひとりとして政務をになっていた。そして、その一環として会津へ出陣し、中途、上洛をめざすことになったわけだが、その家康の軍勢が「関東」とみられたのは、家康の居城が江戸城にあったことに由来するというよりも、むしろ対峙する「秀頼様衆」が「京御方」「京方」「京衆」などとみられたことへの対比という側面が強かったであろう。

いっぽう、「秀頼様衆」が「京御方」などとみられたのは、公家や寺社、あるいは町人といった京都の人びとにとって距離的にもより近しい存在として映っていたからと考えられる。ところが、合戦の場面においては、「京御方」が敗北、にもかかわらず「秀頼様衆」のすべてがほろんだわけではなかったために家康は容易に京都を留守にできないというジレンマをかかえることになる。

実際、家康は、慶長十二年（一六〇七）七月に駿府城へ移るまで、一年のうちのかなりの期間、在京しなければならなくなり、慶長八年（一六〇三）二月の将軍宣下を江戸城ではなく、伏見城でうけることになったのもまた、それゆえであったといえよう。

いっぽう、慶長十二年七月以降、在京することがなくなった期間にすすめられた大仏供養をめぐって公家衆と秀頼方が急接近、それにより、ふたたび「関東と京都の御弓箭」という事態が立ち上がってきたことは、皮肉なめぐりあわせ以外のなにものでもなかったにちがいない。

もっとも、今回は前回のような轍をふむわけにはいかず、京都をかかえこんだ関東と大坂の御弓箭とするためにも、家康と秀忠は、二度にわたる合戦の前後、比較的長期間、在京生活をおくることになる。そして、そのあいだに秀頼がほろぼされるとともに、「禁中ならびに公家中諸法度」に代表されるように、関東と京都の関係を具現化する道筋もつけられることになった。

かえりみれば、織田信長以来、天下人たちは常に京都との距離のとりかたに苦心し、模索をつづけてきた[7]。それほどに京都は、天下人たちにとって神経をつかわされる存在だったわけだが、その距離のとりかたに一定の道筋がつけられるためにも慶長というおよそ二十年にわたる時代は必要な時間だったのかもしれない。

その慶長という時代を京都の人びとがどのようにみつめていたのかといえば、関ヶ原合戦と大坂の陣のあいだを「戦間期」ととらえるようなことは、少なくともなかったと考えられる。関ヶ原合戦ののち、およそ十五年たって大坂の陣がおこるという、われわれがよく知る歴史的な推移を当時生きた人びとが予期することなどできなかったからである。

むしろ、史料によるかぎり、家康は、合戦になることをなによりさけようとしていたように思える。大仏の再建とその完成を祝う大仏供養は、そのことを確認する絶好の機会だったのかもしれない。

もっとも、そうはいっても、実際におこった関ヶ原合戦や大坂の陣に遭遇して、多くの人びとが「戦国」という過去が容易には過ぎ去らない現実を目のあたりにしたことだけはまちがいないであろう。そして、それに接してさまざまな対応をするものたちがいるいっぽうで、戦禍にまきこまれていかざるをえなくなったものたちが数多くいたこともまた、本書でみたとおりである。

したがって、京都に限定したとしても、徳川政権という「新たな統一政権の確立」に対して「拒否反応」を示しえた人びとというのはかぎられたものだったのではないかと考えられる。むしろ、関ヶ原合戦においても、また、大坂の陣においても、京都をおびやかした存在が「秀頼様衆」や大坂方であったことをふまえたとき、家康や秀忠は、どちらかといえば、たのもしい存在として映っていたにちがいない。

家康や秀忠が比較的長期の在京生活をおくることになった背景にも、このような事情があったのではないかと思われるが、したがって、もし徳川政権に対して「拒否反応」がうまれてくるとするなら、それは「戦国」という過去が完全に過ぎ去ったのちのことだったのではないだろうか。慶長という時代は、いまだその段階にはたどりついていなかったと本書では考えられるのである。

（1）相田文三「徳川家康の居所と行動」（藤井讓治編『織豊期主要人物居所集成』思文閣出版、二〇一一年）、藤井讓治『徳川家康』（吉川弘文館、二〇二〇年）。
（2）吉田洋子「元和改元―徳川家康の国内平定宣言―」（『大阪の歴史』八三号、二〇一五年）。
（3）橋本政宣『近世公家社会の研究』（吉川弘文館、二〇〇二年）、吉田洋子「江戸時代における朝廷の存在形態と役割―「禁中幷公家中諸法度」の規定から―」（『日本史研究』四九五号、二〇〇三年）、杣田善雄「禁中幷公家中諸法度（座次規定）と朝幕関係」（『日本史研究』五四二号、二〇〇七年）。
（4）河内将芳『中世京都の民衆と社会』（思文閣出版、二〇〇〇年）。
（5）安藤弥『戦国期宗教勢力史論』（法藏館、二〇一九年）。
（6）外岡慎一郎『「関ヶ原」を読む―戦国武将の手紙―』（同成社、二〇一八年）。
（7）河内将芳『宿所の変遷からみる　信長と京都』（淡交社、二〇一八年）。

関連年表（本書にかかわる事項を中心に）

西暦	年	月日	一般事項	大仏関連事項	大仏鎮守関連事項
一五九八	慶長三年	八月十八日	豊臣秀吉、死去する		
		九月二日		大仏本尊造立計画が公表される	
		九月七日			大仏鎮守建立計画が公表される
		十二月十八日			徳川家康はじめ諸大名、大仏鎮守へ参詣
一五九九	慶長四年	正月五日	秀吉の死が披露される		大仏鎮守に秀吉を神として祝うことが披露される
		正月十九日	家康の縁辺に関して前田利家らが使いをおくる		
		正月二十日	縁辺問題あい済む		
		二月二十五日			大仏鎮守社頭およそ出来
		三月五日	秀吉の遺言が朝廷に披露される		
		閏三月七日	石田三成と七人大名衆のあいだで申し合いあり		
		閏三月十日	石田三成、佐和山城へ隠居する		
		閏三月十三日	家康、伏見城西の丸に入る		
		四月十三日			秀吉の遺体が伏見城より阿弥陀が峰へ移される
		四月十六日			大仏鎮守、仮遷宮がおこなわれる

		四月十七日			宣命使がつかわされ、神号が「豊国大明神」とさだめられる
		四月十八日			正遷宮がおこなわれ、豊国社が成立する
		四月十九日			家康・毛利輝元以下諸大名、社参する
		四月二十五日		北政所、大仏千僧会を聴聞する	北政所、社参する
		五月二十五日		大仏千僧会、これ以降、一ヶ月一宗ずつとなる	
		五月二十五日		大仏蓮台の宝塔、とり壊される	
		八月十八日・十九日			豊国祭がはじまる
		九月十日	大坂雑説		
		九月十三日	大坂雑説、大略しずまる		
		九月二十六日	北政所、大坂城より上京御屋敷（京都新城）へ移徙する		
		十月一日	家康、大坂城二の丸に入る		
		十月十八日		大仏本尊、銅を鋳かける	
一六〇〇	慶長五年	二月より先		大仏本尊造立が本格化する	
		三月十八日		七重塔・講堂・廻廊以下の縄張り計画が確認できる	
		五月十二日		蓮華の鋳かけがおこなわれる、築地を築き、大仏と三十三間堂が一体となる	大坂極楽橋を移し、豊国鳥居前に二階門（極楽門）が建立される

		六月十六日	家康、会津攻めのため大坂城を出陣する	
		七月十七日	内府ちかいの条々が出される。	
		七月十八日	細川忠興女房衆（ガラシア）、自害する	
		七月十九日	伏見城攻撃がはじまる	
		七月三十日〜八月一日	伏見城落城する	
		八月二十五日	岐阜城落城する	
		九月五日	大津城の京極高次、心替わりする	
		九月十四日	大津城、扱により休戦する	
		九月十五日	美濃堺にて秀頼様衆（京御方）、敗北する（関ヶ原合戦）	
		九月十八日	北政所、上京御屋敷より内裏へ避難する	
		九月十八日	亀屋栄任、家康禁制もち帰る	
		九月二十七日より先	京都で落人と預物の捜索がおこなわれる	
		九月二十七日	家康、大坂城に入り秀頼と和睦する	
		十月一日	石田三成ら、六条河原で処刑される	
		十月六日より先		木食応其、隠遁する

		十月十五日 十二月四日より先 十二月十九日	家康、諸大名知行分けをおこなう 九条兼孝、関白に任官される	文殊院、木食応其にかわり本尊造立に従事する	
一六〇一	慶長六年	正月十五日 三月二十三日 五月七日より先 五月十三日	家康、大坂城にて武士衆惣礼をうける 家康、伏見城へ移徙する、以後、拠点とする 家康、三条柳の水に京都屋敷を普請する	遍照院以下、興山上人奉行ら去る	
一六〇二	慶長七年	六月十一日 八月より先 十二月四日	 二条城の普請がはじまる	 大仏殿、炎上する。	極楽門、家康により竹生島へ寄進され、新神門が建立される
一六〇三	慶長八年	二月十二日 三月二十一日 三月二十五日	家康、征夷大将軍に任官される 家康、二条城へはじめて入る 家康、将軍拝賀の参内をおこなう		
一六〇四	慶長九年	八月十四日・十五日		大仏廻廊にて非人施行がおこなわれる	豊国臨時祭がおこなわれる

一六〇五	慶長十年	四月十六日	徳川秀忠、征夷大将軍に任官される		
一六〇六	慶長十一年				
一六〇七	慶長十二年	七月三日	家康、駿府城へ移徙する		
		十二月二十三日		中井正清、大仏造営料を請け取るため上洛する	
一六〇八	慶長十三年				
一六〇九	慶長十四年	正月五日より後		大仏殿建立のための小屋懸けがおこなわれる	
一六一〇	慶長十五年	六月十二日		地鎮と釿始がおこなわれる	
		八月十八日・十九日			豊国臨時祭おこなわれる
		八月二十二日		柱三本が立つ	
一六一一	慶長十六年	三月二十八日	豊臣秀頼、上洛し家康と対面する	秀頼、作事を見物する	秀頼、社参する
		四月二十七日		柱ことごとく立つ	
		八月三日		大虹梁が引かれる	
一六一二	慶長十七年	正月二十九日より先		瓦を葺く、後光の化仏に黒漆を塗る	
		閏十月二十三日		台座の蓮華出来、敷石過半出来する	

一六一三	慶長十八年				
一六一四	慶長十九年	四月十六日		鐘鋳がおこなわれる	
		五月七日より先		大仏供養の準備が動き出す	
		六月二十八日		鐘が鐘楼に釣り上げられる	
		七月二日		本尊開眼師に仁和寺門跡がさだめられる	
		七月二十六日		家康、大仏供養の延期を仰せ出す	
		八月五日		家康、鐘の銘写・棟札の案をみる	
		八月十三日	片桐且元、駿府へ下向する		豊国臨時祭延引となる
		九月十八日	且元、秀頼と対面する		
		九月二十三日より先	伊勢踊がはじまる		
		十月一日	且元ら、茨木城へのがれる		
		十月十五日	大坂方、茨木城・堺を攻撃する		
		十月二十三日	家康、上洛し、二条城に入る		
		十一月十日	秀忠、上洛し、伏見城に入る		
		十一月十五日	家康・秀忠、大坂へ出陣する（冬の陣はじまる）		
		十二月四日	真田丸攻めにて寄衆被害をうける		
		十二月十九日	大坂扱、ととのう		

		十二月二十五日	家康、二条城に入る、秀忠は大坂に滞在する	
一六一五	慶長二十年	正月三日	家康、駿府へ下向する	
		正月十九日	秀忠、伏見城に入る	
		正月二十八日	秀忠、江戸へ下向する	
		三月より先		最後の大仏千僧会がおこなわれる
		三月十四日	京中放火の雑説あり	
		四月十八日	家康、二条城に入る	
		四月二十一日	秀忠、伏見城に入る	
		四月二十六日	大坂方により大和郡山が放火される	
		四月二十八日	大坂方により堺が放火される	
		四月二十九日	大坂方による京都放火が露顕する	
		五月五日	家康、秀忠、大坂へ出陣する（夏の陣はじまる）	
		五月六日	大坂方の牢人衆、討ち死にする	
		五月七日	大坂城落城する	
		五月八日	秀頼ら、自害する、家康、二条城に入る	
		五月九日	秀忠、伏見城に入る	

	七月七日	伏見城にて武家諸法度が仰せ出される		
	七月九日		妙法院門跡が大仏住持となる	豊国社神体、大仏殿の内へ移される
	七月十日		照高院門跡、欠所となる	豊国社破却が仰せ出される
元和元年	七月十三日	元和に改元される		
	七月十七日	二条城にて禁中ならびに公家中諸法度がさだめられる		
	七月十九日	秀忠、江戸へ下向する		
	七月三十日	清涼殿にて禁中ならびに公家中諸法度が披露される		
	八月四日	家康、駿府へ下向する		

あとがき

『出版ニュース』平成二十八年（二〇一六）七月三十一日号の「書きたいテーマ・出したい本」というコーナーに「秀吉死後の京都」と題して短い文章を寄せたことがある。そのさい、「二十年におよぶ慶長年間の京都には、どのようなことがおこり、そしてまた、人びとのこころは移り変わっていったのか、ぜひ考えてみたいテーマである」と記した。

本書は、それを念頭に作業をすすめてきたものだが、その作業のなかで、あらためて目をそそぐことになった点として、思いのほか徳川家康が京都（伏見を含む）や大坂に長期間滞在していたという事実があった。というよりむしろ、そのありかたは在京、在坂といったほうがはるかに実態に近かったであろう。

その背景には、豊臣秀吉が京都や大坂に政権の拠点をおいたことが影響していると考えられるが、秀吉没後、残された政権関係者のひとりとして、あるいは天下人として家康が京都を留守にすると、京都周辺で不穏な動きが立ち上がり、それを解決するため関東から上洛せざるをえなくなったようにみえる。しかしながら、結果として穏便な解決にはいたらず、軍事的な衝突となって、関ヶ原合戦や大坂の陣というかたちで京都の人びとをおびやかすことになった。

　このように、京都に視点をおいてみると、なぜ家康は秀吉のように京都や大坂に政権の拠点をおかなかったのかと素朴に思ってしまう。足利尊氏・直義以来、武家政権の中心人物が京都に拠点をおく時代が、あるべきすがたとしてながく定着してきた歴史をふまえるなら、そのほうがはるかに政情の安定にも寄与したにちがいないからである。

　しかしながら、家康は、尊氏のように征夷大将軍に、しかも伏見城において任官されてもなお、それを選択しなかった。このことは、所与のできごとのように思われているが、京都の歴史にとっては大きな問題であり、あらためて同時代史料によって考えてみる必要はあろう。

　いっぽう、京都に政権の拠点をおかなかったにもかかわらず、というより、それゆえというべきか、家康はもとより、その跡を襲った秀忠や家光も、毎年とはいえないものの上洛をくりかえしおこなうことになる（三宅正浩「近世前期の武家社会と都市京都」杉森哲也編『シリーズ三都　京都巻』東京大学出版会、二〇一九年）。そして、寛永十一年（一六三四）七月の家光を最後に幕末の家茂までおよそ二百三十年にわたり徳川将軍の上洛はとだえることになった。

　このようにしてみると、慶長年間に立ち上がってきた「関東と京都の御弓箭」は、豊臣秀頼がほろんだ慶長二十年（元和元年、一六一五）にひとつの逢着点へとたどりつきはするものの、その着地点は、もしかすると寛永十一年にあったとみることもできるのかもしれない。

それはまた、南北朝・室町・戦国、そして秀吉の時代と、武家政権とともにあった京都の歴史が大きな変わり目をむかえたことを意味する。と同時に、過ぎ去ろうとしない「戦国」という過去が、ようやく過去になりつつあったことを示しているのであろう。

守屋毅氏が注目した「戦争から平和におもむく時代の流れ」に対する「拒否反応」というのも（同『「かぶき」の時代―近世初期風俗画の世界―』角川書店、一九七六年）、もはや戦禍にはまきこまれないことが現実味をおびたときにはじめて多くの人びとが示すようになったのではないかと思われる。が、それについて考えることは、本書の領分を越えている。他日を期すことにしたいと思う。

さて、本書もまた、『日蓮宗と戦国京都』（二〇一三年）、『絵画史料が語る祇園祭―戦国期祇園祭礼の様相―』（二〇一五年）、『宿所の変遷からみる　信長と京都』（二〇一八年）にひきつづき淡交社の安井善徳氏にお世話になることとなった。

およそ学界のながれとはほど遠いところに身をおきながら、かといって論壇や読書界で活躍するでもなく（そもそもそのような力もないが）、きわめてニッチなことばかりをほそぼそと書き連ねている著者のことをいつも気にかけていただく安井氏に対しては感謝以外のことばがみつからない。にもかかわらず、今回もまた、さらにマニアックな内容となり、たいへん申しわけなく思う。

およそ著者が書くものに関心をよせてくれるような人の数は、著者を含めて、この世に片手であまるほどと考えられるが、そのひとりが安井氏であることは幸運以外の何物でもないであろう。今回もまた、無理をおして一冊の書物にしていただいたことにあらためて御礼申し上げたいと思う。

最後に、図版の掲載にあたっては、八坂神社ならびに清水寺をはじめとした関係諸機関・諸氏に格別のご厚意をたまわることになった。記して感謝申し上げたいと思う。

正月五日　慶長四年の旧暦同月同日に秀吉の死が披露されたことにちなんで

河内将芳

索引

※原則として本文から選択しており、注釈、年表、あとがきからは選択していない。

◆さ◆

◆た◆

◆は◆

◆ま◆

河内 将芳（かわうち・まさよし）

1963年、大阪府生まれ。奈良大学文学部史学科教授。京都府立大学文学部文学科を卒業後、甲南高等学校・中学校教諭。その間に京都大学大学院人間・環境学研究科博士課程修了、京都大学博士（人間・環境学）取得。京都造形芸術大学芸術学部歴史遺産学科准教授を経て、現職。日本中世史専攻。中世後期の都市社会史を中心に研究を進めている。主な著書に、『大政所と北政所』（戎光祥出版・2022年）、『室町時代の祇園祭』（法藏館・2020年）、『戦国仏教と京都』（法藏館・2019年）、『宿所の変遷から見る信長と京都』（淡交社・2018年）、『戦国京都の大路小路』（戎光祥出版・2017年）、『落日の豊臣政権』（吉川弘文館・2016年）、『絵画史料が語る祇園祭』（淡交社・2015年）、『歴史の旅　戦国時代の京都を歩く』（吉川弘文館・2014年）、『日蓮宗と戦国京都』（淡交社・2013年）、『祇園祭の中世』（思文閣出版・2012年）、『信長が見た戦国京都』（洋泉社歴史新書y・2010年、法藏館・2020年文庫版）、『秀吉の大仏造立』（法藏館・2008年）、『祇園祭と戦国京都』（角川叢書・2007年、法藏館・2021年改訂）などがある。

秀吉没後の豊臣と徳川　京都・東山大仏の変遷からたどる

二〇二三年二月二十三日　初版発行

著者　河内 将芳
発行者　伊住 公一朗
発行所　株式会社 淡交社
本社 〒六〇三-八五八八　京都市北区堀川通鞍馬口上ル
営業 (〇七五)四三二-五一五六
編集 (〇七五)四三二-五一六一
支社 〒一六二-〇〇六一　東京都新宿区市谷柳町三九-一
営業 (〇三)五二六九-七九四一
編集 (〇三)五二六九-一六九一
www.tankosha.co.jp

印刷・製本　図書印刷株式会社

ISBN978-4-473-04530-0